Wolfgang Putschky

Seine Gnade
reicht aus

Aus dem Leben Jakob Vetters

 johannis

Die Deutsche Bibliothek – CIP-Einheitsaufnahme

Putschky, Wolfgang:
Seine Gnade reicht aus : aus dem Leben Jakob Vetters /
Wolfgang Putschky. – Lahr/Schw. : Johannis, 2002
  (TELOS-Bücher ; 7849)
  ISBN 3-501-01429-5

ISBN 3-501-01429-5

© 2002 by Verlag der St.-Johannis-Druckerei, Lahr/Schw.
Umschlaggestaltung: F. Baumann
Gesamtherstellung: St.-Johannis-Druckerei, Lahr/Schw.
Printed in Germany 14925/2002

Inhalt

Vorwort

Jeder Mensch, der über die Erde geht, ist ein Gedanke Gottes. Mit jedem will Gott Geschichte machen. Seine Absicht ist dabei immer, dass es eine Geschichte zum Heil wird, eine Segensgeschichte! So sprechen viele Lebensgeschichten Bände über die Macht und über die Liebe Gottes.

Zu ihnen gehört auch die Lebensgeschichte von Jakob Vetter. Niemand hätte sich diese Geschichte ausdenken können. Oft geschah in diesem Leben das Unwahrscheinliche, nicht das, was man hätte erwarten müssen. Wer konnte ahnen, dass aus diesem schwierigen Armeleutekind ein Mann Gottes wird, durch den Tausende reich werden? Wer konnte voraussehen, dass dieses oft so einsame, mit Selbstmordgedanken kämpfende Kind zu einem glühenden Evangelisten heranreift, der Ungezählten ein Reiseführer vom Tod zum Leben wird?

Bevor Gott mit Jakob Vetter Geschichte machte, standen in Deutschland Zelte für Zirkus und leichte Unterhaltung, für Vagabundentum und fahrendes Volk. Nach seinem Tod waren Zelte europaweit bekannt als Wanderkirchen, die unterwegs sind zu den Menschen, als Stätten der Frohen Botschaft und als Ausgangspunkte tiefgreifender Herzens- und Lebensveränderung.

Liest man die Lebensgeschichte von Jakob Vetter, hat man am Ende womöglich den Eindruck: Das ist zu schön, um wahr zu sein. Aber wenn Gott in die Speichen eines Menschenlebens greift, kommen immer Geschichten heraus, die zu wahr sind, um nicht schön zu sein. Nicht auszudenken, was Gott aus den Bruchstücken eines Lebens machen kann, das ihm ganz überlassen wird. Es wäre ein Traum, wenn die Lektüre dieses Buches Leser ermutigen würde, Gott vorbehaltlos zu trauen, und so in Erfahrung zu bringen: Seine Gnade reicht aus!

Im August 2001   Wolfgang Putschky

Zwischen Armut und Übermut

Alles begann in Worms am Rhein, jener sagen-
umwobenen, geschichtsträchtigen ältesten Stadt
Deutschlands.

Die Römer waren hier zu Hause – jahrhunder-
telang! Der denkwürdige Sieg der Hunnen über
die in und um Worms siedelnden Burgunder lie-
ferte den historischen Stoff für die Nibelungensage. Der Judenfriedhof ist mit seiner über tausend-
jährigen Geschichte der älteste Europas. Majestätisch krönt der mächtige romanische Dom die
Mitte der Stadt. Die großzügig angelegte Kaiser-
pfalz war ein bevorzugter Aufenthaltsort der stau-
fischen Herrscher. Ungezählte Reichstage hat
Worms gesehen, vor allem jenen im Frühjahr 1521,
auf dem sich Luther weigerte, seine Schriften und
sein Bekenntnis zu widerrufen. Vor weltlichen
und kirchlichen Würdenträgern rief er nach Aussage glaubwürdiger Zeitzeugen die Worte aus:

»Es sei denn, dass ich mit Zeugnissen der Heiligen Schrift überwunden werde, kann und will ich
nicht widerrufen. Hier stehe ich, ich kann nicht
anders! Gott helfe mir! Amen.«

Der Dreißigjährige Krieg zerstörte manches un-
ersetzliche Zeugnis einer jahrtausendelangen Geschichte. 1689 setzten die Franzosen die »Perle am
Rhein« in Brand und vernichteten das mittelalter-
liche Stadtbild fast vollständig.

Große Bedeutung hatten seit alters die Handwerkszünfte in Worms. Ihre Viertel erstreckten sich vom Dom bis zum Westufer des Rheins. Dort, in dem Eckhaus, wo die Gerbergasse in die Wollstraße mündete, erblickte Jakob Vetter am 23. November 1872 als ältester Sohn des Adam Vetter und seiner Frau Katharina, geborene Stai, das Licht der Welt.

Aber was für eine Welt! In die engen Gassen zwischen den einfachen, zweistöckigen Reihenhäusern fiel kaum ein Sonnenstrahl. Das Wasser der nahen Gerberei lief ungereinigt in den Eisenbach, der durch die Gerbergasse floss, und verbreitete einen üblen Gestank. Der Lärm, der durch die Fenster der kleinen, lederverarbeitenden Fabriken drang, war allgegenwärtig.

Der Vater arbeitete als einfacher Gerber vom frühen Morgen bis zum späten Abend. Die Mutter versorgte den Haushalt und das Kleinvieh und bewirtschaftete ein kleines Stück Feld, das den Vetters gehörte. Arbeiteradel! Fleißige, redliche Leute, die aber mit ihren bald drei Kindern in großer Armut lebten. Wenn der Vater nach einer langen, arbeitsreichen Woche am frühen Samstagnachmittag nach Hause kam, nahm er ein Messer und schnitt sich die Schwielen von den Händen. Das tat dem kleinen Jakob beim Zuschauen so weh, dass er weinen musste. Er sehnte sich nach der Zeit, wo er dem Vater helfen könnte, den Unterhalt mitzuverdienen.

Worms, Gerbergasse um ca. 1916

Diese Zeit nahte früher, als der Bub gedacht hatte. Unglück brach über die Familie herein. Völlig unerwartet erkrankte die Mutter schwer und starb nur wenige Wochen, nachdem Jakob seinen dritten Geburtstag gefeiert hatte. Fassungslos starrte er in das bleiche Gesicht der Toten. Das hemmungslose Schluchzen des Vaters und das Weinen der jüngeren Geschwister klang ihm noch lange in den Ohren. Katharina Vetter war ihrem Mann eine treue Ehefrau und ihren Kindern eine herzensgute Mutter gewesen.

Unauslöschlich hat sich Jakob Vetter eingeprägt, wie sie ihn abends und auch, wenn er krank war, auf den Arm nahm, an sich drückte und die steile Stiege hinauftrug. »Als ob mich ein Engel getragen hätte«, schrieb er später. Nach Jahren noch bewegte ihn der Tod der Mutter. Als 45-Jähriger notierte er in sein Tagebuch:

»O Seligkeit, eine Mutter gehabt zu haben! Kein größeres Unglück gibt es für ein Kind in der Welt, als wenn der Tod mit kalter Hand den silbernen Faden des Lebens einer Mutter zerreißt. Ist die Mutter gegangen, dann ist des Kindes Sonne und Wonne, der Frühling seiner Jugend, seine Liebe und Freude, ja alles dahin!«

Dem Vater blieb nichts anderes übrig, als fremde Leute um die Aufnahme seiner Kinder zu bitten. Dort wurden sie zwar mit dem Nötigsten versorgt, aber niemand nahm sie in den Arm und herzte sie. Schläge statt guter Worte waren an der

Tagesordnung. Lieblosigkeit und Kälte umgaben sie. Jakob lag oft lange wach und weinte, bis er keine Tränen mehr hatte. Heimweh verzehrte das Herz des Kindes.

Da kam es ihm zunächst wie eine Erlösung vor, als der Vater nach zwei Jahren noch einmal heiratete und er mit seinen beiden Geschwistern nach Hause zurückkehren durfte. Vaters zweite Frau war überaus fleißig und auch willens, die drei Kinder anzunehmen und ihnen eine rechte Mutter zu werden. Aber sie fand keinen Zugang zu ihren Herzen. Mit großer Strenge setzte sie ihnen enge Grenzen. Vor allem mit Jakob tat sie sich schwer. Je mehr Druck sie auf ihn ausübte, desto trotziger, verbitterter und eigenwilliger wurde er. Aus der Erinnerung urteilte Vetter:

»Man kann ein Kind zum Fluch schlagen und durch Lieblosigkeit in viele Sünden und Torheiten treiben, ja, zu einem Kind der Hölle erziehen. Wenn ich dennoch ein Knecht Gottes geworden bin, dann verdanke ich dies allein dem unendlichen Erbarmen Gottes.«

Mit neun Jahren verdiente Jakob schon manches zu dem kärglichen Lohn des Vaters dazu. Oft ging er gleich nach der Schule aufs Feld oder in den Wald oder verrichtete Gelegenheitsarbeiten in den kleinen Fabriken. Früh litt seine Gesundheit; schon als Kind ging er gebeugt. Manchmal waren die Schmerzen, welche die überharte Arbeit verursachte, so stark, dass ihm die Tränen über die

Wangen liefen. Noch bevor er zehn Jahre alt war, saß er einmal in seiner winzigen Dachstube und sann darüber nach, wie er seinem jungen Leben ein Ende bereiten könnte. Aber er konnte sich nicht entscheiden, wie er sterben sollte; so legte er doch keine Hand an sich. »Vorlaufende Gnade« hat er das später genannt!

Die Schule machte ihm keine Schwierigkeiten; er kam gut voran. In Mathematik und Geschichte war er mit Abstand der Beste. Das lag auch an einem Lehrer, der die äußere und innere Not ahnte, in der nicht wenige seiner Schüler aus den armen Vierteln lebten. Dankbar erinnerte sich Vetter an eine große Pause, wo er allein, trüben Gedanken nachhängend, im Klassenzimmer sitzengeblieben war. Plötzlich ging die Tür auf und jener Lehrer kam herein. Er sprach ihn freundlich an und teilte mit ihm sein üppiges Pausenbrot. Das war für Jakob wie ein Stück Himmel auf Erden!

Jede freie Minute nutzte er, spannende Bücher zu lesen, die er sich aus der nahen Bibliothek entlieh. Kriegsgeschichten, griechische und germanische Sagen sowie alle Arten von guten und schlechten Abenteuerromanen verschlang er am liebsten. Sie inspirierten ihn zu den verrücktesten Streichen, die er mit seinen Freunden ausführte. Er war ihr unumstrittener Anführer und forderte sie immer wieder zu allerlei Mutproben heraus. Am Ufer des Rheins spielten sie Seeschlachten nach; manchmal ruderten sie in einem gestohlenen Boot eine Stunde rheinaufwärts, um anschließend zu genießen, wie sie die starke Strömung an den Ausgangspunkt zurücktrieb.

Vieles, was sie anstellten, ging weit über das hinaus, was man einen Dummejungenstreich nennen könnte. Jakob war in allen Handwerkervierteln bekannt und seine Einfälle waren gefürchtet.

Er selbst fürchtete keinen Menschen. Einmal besuchte der Kaiser die Stadt Worms. Tausende säumten die Straßen. Auch Vetter und seine Freunde hatten sich dazugesellt. Als sich schließlich der Kaiser in einer prächtigen Karosse näherte, waren die Menschen außer sich und schrieen begeistert »Hurra«. Vetter jedoch verkniff sich jede Beifallsbekundung. Eine ältere Dame ermahnte ihn ärgerlich, er möge doch auch den Kaiser ehren. Da antwortete er patzig:

»Der Kaiser ist ein Mensch wie ich und ich bin so viel wert wie der Kaiser. Ich schreie nicht hurra!« Dann drehte er ab und machte sich mit seinen Freunden davon.

Was ihm wirklich Angst machte, war der Tod. Seit dem Sterben seiner Mutter hat ihn die Macht des Todes beunruhigt. Auf einer Jahrmarktsbühne sah er einmal ein eindrucksvolles Spiel, in dem Doktor Faust seine Zauberkunststücke zeigte. Alles schien er im Griff zu haben. Am Ende aber kam der Tod und der trickreiche Faust musste hilflos kapitulieren. Das hat Jakob monatelang bis in seine Träume hinein verfolgt.

Zum ersten Mal schlug ihm das Gewissen, als er eine Nachbarsfrau zu seiner Stiefmutter sagen hörte:

»Da reift einer für das Zuchthaus heran!« Nein, das wollte er nicht! Ein Verbrecher sollte nicht aus ihm werden! Aber er fand die Kraft nicht, der Lust zu allerlei verwegenen Taten zu widerstehen. Woher hätte er die Kraft auch nehmen sollen? Seine Eltern lebten nach dem Motto »Tue recht und scheue niemand!«. Jakob war zwar – wie seine beiden jüngeren Geschwister auch – als Säugling in der Dreifaltigkeitskirche getauft worden; aber das geschah nur aus Tradition. Der Pfarrer war zudem ein überzeugter Rationalist. Womöglich taufte er Kinder – wie viele seiner Denkart damals – auf den Namen des Wahren, Schönen und Guten. Der hat den Eltern wohl kaum den Zugang zum biblischen Glauben vermitteln können. Man muss dem Vater zugute halten, dass er eine ehrliche Haut war. »Ich glaube diesen Kram nicht und will keine fromme Komödie spielen«, konnte er Leuten antworten, die ihn zu Gottesdiensten oder Versammlungen einladen wollten.

So wuchs Vetter mit seinen Geschwistern ohne Kirche und ohne Bibel, ohne Gott und ohne Heiland auf. Er kannte den nicht, der ihm hätte helfen können, den Hang zu bösen Streichen zu überwinden. Gott aber hatte Jakob im Auge und hielt seine Hände schützend über ihn, lange bevor er seinen Namen anrief. Von allen Anfängen an stand über Jakob fest, was Gott einst dem Propheten Jeremia zugesprochen hatte: »Ehe du fein verwoben wurdest im Leib deiner Mutter, habe ich mir dich erdacht, und ich habe dich zu Besonderem erwählt, ehe dich deine Mutter geboren hat.«

In der Silvesternacht 1883 auf 1884 leitete eine furchtbare Hochwasserkatastrophe eine Wende bei der Familie Vetter ein. Der Rheindamm brach, und das eiskalte Wasser überflutete die Handwerkerviertel eineinhalb Meter hoch. Auch die Vetters mussten in den ersten Stock fliehen. Dort hausten sie tagelang mit allerlei Kleinvieh zusammen: Hühner und Ziegen, ja sogar ein Schwein teilten mit ihnen den ohnedies eng bemessenen Wohnraum. Als Vetter später von seiner Kindheit und Jugend erzählte, meinte er scherzhaft: »So könnte es in der Arche Noah ausgesehen haben!«

Der von Leid und harter Arbeit gebeugte Vater war durch das Erleben der Flut noch ernster geworden. Ein reisender Händler bot wenige Wochen nach dem Unglück in den betroffenen Vierteln Bibeln an. Der Vater zögerte keinen Augenblick und erwarb eine. Von Stund an sahen ihn Frau und Kinder jeden Abend über diesem Buche sitzen. Jakob dagegen, obwohl er sonst keinem Buch widerstehen konnte, las nur darin, wenn er nach einem bösen Streich ein besonders schlechtes Gewissen hatte.

In diese Zeit fiel ein weiteres, einschneidendes Erlebnis. Als Jakob, angewidert von seinen Taten, ziellos durch die Straßen und Gassen zog, hörte er auf einmal aus den weitgeöffneten Fenstern des Versammlungsraums der Baptisten singen: »Komm zu dem Heiland, komme noch heut!« Ein Heimweh packte ihn, das er sich nicht erklären, dem er sich aber auch nicht entziehen konnte. Dann folgte der Refrain: »Herrlich, herrlich wird es einmal sein, wenn wir ziehn, von Sünden frei und rein, in das gelobte Kanaan ein.«

»Von Sünden frei und rein« – diese Worte bohrten sich in sein Gewissen. Also gibt es das doch, ein herrliches Leben! Ein Leben in Freiheit – nicht mehr unter dem Zwang, das Böse tun zu müssen! Als er in der Schule mehr über die Baptisten wissen wollte, warnte der rationalistische Religionslehrer nachhaltig vor solchen Kontakten und schob diese Leute in die Schublade der Sekten. Klammheimlich aber schlich Vetter immer wieder an ihrem Versammlungsraum vorbei und starrte, wenn sie herauskamen, neugierig in die ernsten, aber glücklichen Gesichter dieser Menschen.

Gut ein Jahr nach der Flut bat eine arme Witwe den Vater um Hilfe. Er sorgte für sie, so gut er konnte. Diese schlichte Frau war in all ihrer Armut doch von Herzen fromm und lud den Vater eines Tages ins Haus der Gemeinschaft ein. Der Vater winkte ab. Die Frau aber wiederholte die Einladung ebenso beharrlich wie demütig, so dass der Vater eines Tages seinen inneren Widerstand aufgab und mit Jakob die Tür zu dem äußerst einfachen Versammlungsraum durchschritt. Die Herzlichkeit, mit der er willkommen geheißen wurde, beeindruckte ihn tief. Das Benehmen dieser Leute war eindringlich, aber nicht aufdringlich.

An diesem Abend berichtete ein Missionar aus Sumatra von seiner Arbeit. Er tat das so glühend und so fesselnd, dass man eine Stecknadel hätte fallen hören können. Jakob war zutiefst ergriffen. Auf einmal war ihm, als hörte er eine Stimme zu sich sprechen: »Ich habe dich erwählt, du sollst mein Diener sein.« Er erzählte keinem Menschen davon, auch seinem Vater nicht, sondern verschloss diese Erfahrung in seinem Herzen. Aber von dieser Stunde an war er überzeugt von der Existenz Gottes und von Gottes Anspruch auf sein Leben. Konsequenzen zog er daraus noch nicht.

Sein Vater jedoch erkannte an diesem Abend, dass er ein Sünder ist und einen Heiland braucht. So legte er sein Leben in die Hände Jesu. Man schrieb das Jahr 1886. Das ganze Familienleben änderte sich. Der Vater besuchte jetzt die Versammlungen dieser Gemeinschaft. Die Kinder gingen dort in die Sonntagsschule und machten Bekanntschaft mit den schönen und spannenden biblischen Gesichten.

Kurze Zeit später stürzte der Vater schwer. Innere Blutungen verursachten ihm starke Schmerzen. Jakob hörte den Vater zu seinem jüngeren

Bruder sagen: »Mein Kind, mein Werk ist getan, Gott spannt mich aus!« Wenige Tage später rief er seine Kinder ans Sterbebett. Erst gab er seiner kleinen Tochter ein Wort mit auf den Weg, dann dem jüngeren Sohn. Schließlich legte er Jakob die Hand auf den Kopf und sagte: »Du aber, Jakob, wirst ein Diener des Allerhöchsten werden. Gib dich Ihm hin und bleib Ihm treu bis in den Tod!« Dann segnete er seine Kinder und schaute sie lange mit Tränen in den Augen an. Nach einer Zeit des Schweigens erhob er noch einmal seine Stimme und sang:

> *»Mach End, o Herr,*
> *mach Ende mit aller unsrer Not!*
> *Stärk unsre Füß und Hände*
> *und lass bis in den Tod*
> *uns allzeit deiner Pflege*
> *und Treu befohlen sein,*
> *so gehen unsre Wege gewiss*
> *zum Himmel ein.«*

Danach starb er, still, den Ausdruck tiefen Friedens auf seinem Antlitz.

Nur acht Wochen später standen die Kinder am Grab der Stiefmutter, die nach einer schweren Lungenentzündung heimgerufen wurde. Obwohl Jakob durch das Sterben des Vaters und den Tod der Stiefmutter sehr aufgewühlt war, zögerte er, Gott sein Leben ganz auszuliefern. Ein unerklärlicher Widerstand hielt ihn ab; eine heimliche

Furcht, Leben zu versäumen, verhinderte noch, dem in die Arme zu laufen, der das Leben ist.

Gleichwohl kümmerte er sich rührend um seine beiden Geschwister und arbeitete hart, damit sie das Nötigste zum Leben hatten. Auch besuchte er mit ihnen weiter regelmäßig die Sonntagsschule im Haus der Gemeinschaft. Gleichzeitig war er Konfirmand. Aber im Konfirmandenunterricht hörte er wenig vom Heiland aller armen Sünder. Der rationalistische Pfarrer malte den Konfirmanden Jesus lediglich als moralisches Vorbild vor Augen, was sie angesichts des ganz anderen Lebens, das sie selber lebten, nur unter Druck brachte und besonders Jakob fast in die Verzweiflung trieb.

Die Mutter eines Mitkonfirmanden, die auch ins Vereinshaus ging, lud Jakob am Konfirmationstag in ihr Haus und kümmerte sich liebevoll um ihn. Nach dem Festessen stahl er sich heimlich davon und ging in den Stadtgraben, wo er mit seinen Freunden schon so manche Streiche ausgeheckt hatte. Das ganze Elend seines Lebens schaute ihn an. Er überschlug seine Vergangenheit und seine Gegenwart und wusste, dass er vor Gott nicht bestehen konnte. Er sehnte sich nach neuem Leben und einer guten Zukunft und fand den Schlüssel nicht. Als er eine Weile bitterlich geweint hatte, war ihm, als tröstete ihn die Stimme Gottes: »Sei still! Ich bin dein Gott und helfe dir! Du sollst mir dienen! Dein Weg wird durch Leiden gehen, aber ich werde mit dir sein!« Wiewohl ihm das Herz bis zum Halse schlug und er über die Maßen bewegt war, geschah die eigentliche Herzenswende noch nicht.

Mit seinen Freunden drehte er noch manches Ding. Sie trafen sich an einschlägigen Stätten der Nibelungensage und schworen sich ewige Treue. Mit dem eigenen Blut unterschrieben sie Freundschaftsbünde.

Der eintätowierte Anker auf Vetters linker Hand erinnerte ihn zeitlebens daran.

Die Schule schloss er mit lauter Einsen ab und begann eine Schneiderlehre. Friedrich Greiner, der Leiter und Prediger der Gemeinschaft, wurde sein Vormund. Greiner war ein überaus begabter und gesegneter Mann, dem Gott eine besondere Liebe zu jungen Menschen ins Herz gegeben hatte. Sehr bald erfasste er die eigentliche Not des jungen Vetter und wie viel auf dem Spiel stand, wenn Jakob sein Leben in eigener Regie weiterführen würde. Später versicherte er Jakob einmal: »In dir lagen Himmel und Hölle verborgen! Kein Halber konnte aus dir werden! Hätte die Hölle gesiegt, du wärst ihr zweifaches Kind geworden!«

Friedrich Greiner fing an, treu für Jakob zu beten und nahm sich immer wieder Zeit, geduldig und liebevoll mit ihm zu reden. Jakob war hin- und hergerissen. Es verlangte ihn nach einem Leben, wie er es bei Greiner sah; es trieb ihn eigentlich lange schon in die Arme Jesu; auf der anderen

Seite wollte er von den alten Freunden nicht lassen und versprach sich noch manche Befriedigung auf den vertrauten Wegen.

Wendepunkt

Da kam jener denkwürdige Julisonntag des Jahres 1889! Seine Freunde luden ihn ein, mit ihnen das Kirchweihfest eines benachbarten pfälzischen Dorfes zu besuchen. Jakob Vetter schreibt in seinen Erinnerungen:

»Bei einem solchen Fest feiert die Sünde der Trunksucht, Unzucht und Streitsucht ihre Triumphe. An die Kirche denkt bei einem Kirchweihfest keiner. Es geht in der Pfalz bei solchen Festen vielmehr toll und voll zu. Meine Freunde tanzten, und weil ich mir aus solchem Vergnügen nichts machte, hütete ich am Tisch den Wein.

Mitten im Lärm der Musik, als ich so überaus einsam am Tisch saß, begegnete mir die unsichtbare Majestät Gottes. Es wurde mir angst und bang. ›Was machst du hier‹, tönte es in mir. ›Mach dich auf und geh in die Stadt!‹ Ohne von meinen Freunden Abschied zu nehmen, lief ich wie ein Betrunkener nach Hause. Sofort ging ich in meine Dachkammer; da lag ich in Angst und Sündennot.

Es wurde eine lange Nacht. Meine Sünden standen wie Riesen vor mir. Es ist schrecklich, wenn man sich im Lichte Gottes sieht. Da toben Kämpfe, denn es ist keine Kleinigkeit, verloren zu sein. Die Finsternis kann so dick werden, dass Selbstmordgedanken das Innere erfüllen. Unter Kämpfen und Tränen verging die Nacht. Mein ganzes

Leben lag vor mir wie ein offenes Buch. Alles war unrein. Als der Tag nahte und das Morgenrot sich zeigte, verließ ich meine Dachkammer und ging hinab in die Werkstatt.

Nun – endlich – war mir klar: Jetzt oder nie muss die Entscheidung fallen. Und sie fiel!«

Jakob Vetter kniete nieder, bat Gott um Erbarmen und legte sein Leben in die Hände Jesu. Er betete: »Jesus, dir leb ich! Jesus, dir sterb ich! Jesus, dein bin ich, im Leben und im Tod!«

Als er sich erhob, wurde es Licht in seinem Innern und eine tiefe, unbändige Freude erfüllte ihn. »Der Herr schenkte mir Vergebung meiner Sünden und Gnade zum Leben. Nun fing mein Geist zu jubeln an; Tod und Hölle waren überwunden!«

Zunächst vertraute sich Vetter keinem an. Er verbrachte einige Tage zurückgezogen zu Hause, las in der Bibel und lobte Gott. Immer wieder erinnerte sich Vetter an das Wunder seiner Umkehr und konnte noch nach Jahren fassungslos staunen und stammeln:

»Ich wäre ein Verbrecher, ein hasserfüllter Anarchist geworden, wenn mich nicht der Arm des Herrn aus den Stricken des Jägers errettet und aus der grausamen Grube gezogen hätte und gesetzt unter die Fürsten seines Volkes. O freie Gnade, o unendliches Erbarmen!«

Die erste Strophe eines Liedes von Philipp Friedrich Hiller, das unvergleichlich Gottes Erbarmen preist, wurde sein Lieblingsvers:

»Mir ist Erbarmung widerfahren, Erbarmung, deren ich nicht wert. Das zähl ich zu dem Wunderbaren, mein stolzes Herz hat's nicht begehrt. Nun weiß ich das und bin erfreut und rühme die Barmherzigkeit.«

Im Feuer der ersten Liebe

Am folgenden Sonntag erzählte er den Freunden, dass er sein altes Leben beendet und sich für Zeit und Ewigkeit Jesus übereignet habe. In Zukunft wolle er allein für Gott leben. Da schieden sich die Geister. Einige machten sich schimpfend oder spottend davon; andere aber schlossen sich ihm an und wagten erste mutige Schritte auf dem Weg mit Jesus. Wie sie sich vorher zu mancherlei Streichen und abenteuerlichen Unternehmungen getroffen hatten, so kamen sie jetzt Woche für Woche zusammen, um miteinander die Bibel zu lesen und zu beten. Aus diesen Treffen entstand ein Jungmännerkreis, der über Jahre vielen Wormser Burschen zum Segen wurde.

Die Freunde, die mit Vetter Jesus folgten, kauften gute, glaubensweckende Kleinschriften und verteilten sie an Arbeitskollegen und Nachbarn, in den Straßen und auf den Plätzen der Stadt. Viele, die Vetter und seine Leute von früher kannten, griffen schon aus Neugierde zu. Für manche wurde das gedruckte Wort dieser Schriften zum Anfang eines neuen Lebens.

Als Vetter von einem älteren Ehepaar hörte, das aus gesundheitlichen Gründen keine Gottesdienste und keine Versammlungen mehr besuchen konnte und der schwach gewordenen Augen wegen auch die Lektüre der Bibel und guter Bücher einstellen musste, besuchte er sie in kurzen, regelmäßigen Abständen. Die beiden alten Menschen liebten ihn wie einen Sohn. Er besorgte sich Predigten bekannter Gottesmänner, las sie ihnen vor und tauschte sich mit ihnen darüber aus. Dabei hatten die alten Leute und Vetter von den Predigten des jungverstorbenen schwäbischen Pfarrers Ludwig Hofacker den größten Gewinn.

Jakob Vetter bekam mehr und mehr einen wachen Blick und ein brennendes Herz für Menschen, die in besonderen Nöten und schwierigen Lebenssituationen waren. So begann er, für die Kranken und für das Personal des Wormser Hospitals zu beten, und bot schließlich zusammen mit einigen Pflegern wöchentliche Bibelstunden an. Auch einige seiner ehemaligen Freunde machten zu seiner Freude mit. Natürlich waren das keine ausgefeilten, tiefgründigen Auslegungen der Heiligen Schrift. Aber die Kranken spürten den Eifer und das Feuer der jungen Leute, und dass sie in aller Schwachheit und Unzulänglichkeit das Brot austeilten, von dem sie selber lebten. So ging das Wort der Gnade und des Trostes von Herzen zu Herzen. Durch solche und ähnliche alltägliche Dienste drang Vetter selber von Tag zu Tag tiefer in Gottes Wort ein und erlebte, wie seine Liebe zu Gott und den Menschen wuchs.

Immer stärker wurde der Einfluss Friedrich Greiners, von Hause aus gelernter Schuhmacher aus dem südbadischen Wiesental. Er hatte als Vormund Vetters nicht nur dessen äußeres Wohlergehen im Blick, sondern wurde ihm zu einem Vater im Glauben. Früh erkannte er, dass Gott den begabten jungen Mann zum Dienst eines Evangelisten gebrauchen wollte, behielt diese Erkenntnis aber noch für sich. Hätte er mit Vetter zu zeitig darüber gesprochen, wäre dieser zweifelsohne ungebremst hinausgestürmt und hätte in seinem natürlichen und jugendlichen Eifer mehr Schaden angerichtet, als Nutzen gebracht. »Meinen feurigen Sohn« konnte er ihn nennen, und das traf durchaus den Nagel auf den Kopf. So hat Vater Greiner Vetter an die Hand und an die Leine genommen, ihn behutsam Schritt für Schritt geführt und ihm Gelegenheit zum Reifen gegeben.

Greiner wurde für Worms, für die ganze Verwaltungsregion Hessen-Darmstadt und darüber hinaus für ein noch weiteres pfälzisches Umfeld zum Auslöser eines umfassenden geistlichen Aufbruchs. Im neuen Vereinshaus in Worms kamen Woche für Woche Hunderte von Menschen zusammen, bewusste Christen, Suchende und Ahnungslose, Kinder und Jugendliche, Männer, Frauen und Altgewordene, und in allen Zusammenkünften war Jesus die Mitte. Zahlreiche Diakone, Prediger und Evangelisten sind aus dieser Blütezeit der Wormser Gemeinschaftsbewegung hervorgegangen. Dutzende von neuen Gemeinschaften entstanden in den umliegenden Städten und Dörfern. So wundert es nicht, dass Greiner immer häufiger zu Evangelisationen eingeladen wurde, nicht nur in der näheren Umgebung, sondern bis weit über die Grenzen von Hessen-Darmstadt und der Pfalz hinaus. Jakob Vetter hat vor Freude geweint, als er Greiner zum ersten Mal auf eine solche Evangelisationsreise begleiten durfte. Bei Entfernungen bis zu zehn Kilometern gingen sie in aller Regel zu Fuß. Die Gespräche, die Greiner bei den langen Märschen mit dem jungen Vetter führte, wurden für diesen zu einer einzigartigen Jüngerschaftsschule. Immer stand die Gnade im Zentrum! Das Kreuz Jesu leuchtete hell auf als Brennpunkt der Liebe Gottes zu den Menschen. Vetter teilte mit Greiner nicht nur die Freude über volle Kirchen und Säle und über zahlreiche Bekehrungen, sondern erlitt mit ihm auch Gegnerschaft und Verleumdung, Hunger und Durst, Hitze, Kälte und andere Strapazen des Evangelistendienstes. So konnte alles absterben, was bei ihm noch Idealismus war, und die Berufung durch Gott sowie Gottes Wille, dass alle Menschen zur Erkenntnis der Wahrheit kommen, wurde zur entscheidenden Motivation. Als Vetter – noch nicht einmal 19 Jahre alt – meinte, nun bald in den Verkündigungsdienst einsteigen zu können, riet ihm Greiner ab. »Warte noch ein wenig und lass dir den Wind um die Nase wehen.« Mit diesen Worten und einem kräftigen Segen schickte er ihn auf Wanderschaft. Seine wenigen Sachen waren schnell gepackt. Vetter brach auf!

Als erste Stationen wählte er Orte in der Pfalz, die er bereits von den Reisen mit Friedrich Greiner kannte. Dort war er stets willkommen und lernte durch viel Hören und gelegentliche Dienste manches dazu. Bald ließ er die Pfalz hinter sich und reiste in das Elsass, wo es Ende des 19. Jahrhunderts manche Erweckungsprediger gab, die ausgesprochene Originale waren. Sie kamen oft als junge Pfarrer in verschlafene Dörfer und beteten nicht selten über Jahre für einen inneren Aufbruch, ohne Frucht zu sehen. Eine unerwartete Alltagssituation, die sie geistesgegenwärtig erfassten und zum Predigen nutzten, wurde dann häufig zum Schlüssel einer Erweckung.

So wirkte zu jener Zeit, als Vetter das Elsass durchreiste, ein glühender junger Pfarrer in einem Dorf, dessen Bewohner vor allzu deutlichen Predigten ihre Ruhe haben wollten. Als sie merkten, dass der Pfarrer in seiner zupackenden Art unbeirrt fortfuhr, boykottierten sie eines Sonntags den Gottesdienst. Etwa ein Dutzend Männer, darunter sämtliche Kirchenvorsteher, der Organist sowie der Küster versteckten sich hinter den Kirchenbänken und lachten sich ins Fäustchen, als der junge Pfarrer aus der Sakristei kam und ein überaus verdutztes Gesicht machte. Wider Erwarten fasste sich der Pfarrer jedoch schnell, sprach und sang die Eingangsliturgie allein, stieg auf die Kanzel und begann seine Predigt mit folgenden Worten:

»Meine lieben leeren Bänke! Das gefällt mir an euch, dass ihr in großer Treue Sonntag für Sonntag in der Kirche seid. Auch freue ich mich, wie still ihr jedes Mal dem Wort des lebendigen Gottes lauscht. Aber das habe ich wider euch, dass ihr so überaus hart seid und weder Menschen- noch Engelszungen euch bewegen können!« In dieser Weise fuhr er noch zehn Minuten fort, sagte ein kräftiges Amen, sprach ein herzhaftes Gebet und verschwand in der Sakristei. Die Männer hinter den Bänken kamen noch am gleichen Sonntag ins Pfarrhaus und bekehrten sich. Eine Erweckung begann! Vetter hat manche dieser Geschichten zu hören bekommen und ist einigen dieser Originale begegnet.

Großen Eindruck machte die Stadt Straßburg auf ihn. Das Münster mit seiner prächtigen Armenbibel auf den großen gotischen Glasfenstern und so mancher steingemetzten Predigt faszinierten ihn. Jahre später kehrte er nach Straßburg zurück und konnte dort Tausenden in einer zunächst schwierigen, dann aber gesegneten Arbeit das Evangelium verkündigen.

Vom Elsass ging er weiter nach Baden und kam schließlich nach Karlsruhe. Dort wohnte er vom Februar 1891 an fast ein dreiviertel Jahr bei Prediger Glunkin, einem stillen, seelsorgerlichen Menschen, der einen nachhaltigen Einfluss auf Vetter ausübte. In der Karlsruher Zeit lernte er auch den geistesmächtigen, wortgewaltigen Elias Schrenk kennen.

Schrenks Predigten zogen die Massen an. Er sprach schnörkellos, jedes Wort saß! Was er sagte, ging den Menschen durchs Herz und bewegte sie zur Abkehr vom ichhaften Leben und zur Hinkehr zu Christus.

Unter diesen Predigten wurde das Verlangen Vetters immer stärker, den Massen des Volkes das frei und froh machende Evangelium zu verkündigen. Am liebsten hätte er sofort eine entsprechende Ausbildung begonnen, um möglichst bald zum evangelistischen Dienst ausgesandt zu werden. Aber wieder wurde ihm eine weitere Zeit des Wartens und Reifens verordnet. Diesmal benutzte Gott Glunkin, um Vetter guten Rat und konkrete Wegweisung zu geben. »Bleib noch eine Weile die Maria, die einfach Jesus zu Füßen sitzt. Deine Zeit wird kommen; sei getrost!« So und ähnlich riet Glunkin dem nun 19-Jährigen und schickte ihn dann nach Rücksprache mit den zuständigen Leitern als Erziehungsgehilfen auf die Anstalt »Friedrichshöhe« im südbadischen Tüllingen. Bei allem Sturm und Drang und bei allem Temperament, das ihm manchmal durchzugehen drohte – schon der junge Vetter nahm wider Natur und Blut Wegweisung an und gab dem Rat bewährter Menschen gehorsam nach.

Die Erziehungsanstalt in Tüllingen beherbergte Waisen und Halbwaisen, Sozialwaisen und in vieler Hinsicht Gefährdete. Vetter wurde mitverantwortlich für die Aufgabenüberwachung und für die Andachten, für persönliche Gespräche und gelegentliche Ausflüge. Er half beim Brotbacken und in der Küche und konnte als gelernter Schneider auch zerrissene Kleidung wieder in Ordnung bringen. Viele der sogenannten »Zöglinge« waren ohne Liebe aufgewachsen. Aufgrund seiner eigenen Kindheit fand Vetter schneller als andere Erzieher Zugang zu ihren Herzen, traf den richtigen Ton und gab den entscheidenden Rat zur rechten Zeit. Dennoch überschlug er seine Bemühungen in der Erziehungsanstalt Tüllingen mit großer Bescheidenheit. Er schrieb in sein Tagebuch:

»Ich trug wohl nicht viel zur Erziehung der Kinder bei, wurde aber selber erzogen und für den Evangelistendienst zubereitet!«

Die zwei Jahre in Tüllingen zeitigten aber noch andere Früchte. Vetter besuchte regelmäßig die Versammlungen der Lörracher Stadtmission und lernte dort Carl Heinrich Rappard kennen. Der damals schon über 50-jährige Schweizer predigte gewaltig. Seine Verkündigung war ebenso erwecklich wie seelsorgerlich. Keiner konnte sich ihrem Bann entziehen. Viele suchten nach den Versammlungen das Gespräch mit ihm und warteten geduldig, bis sie an der Reihe waren.

Die erste persönliche Begegnung mit Vetter

nahm einen umgekehrten Verlauf. Rappard war der ernste junge Mann mit der hohen Stirn und dem gebeugten Gang aufgefallen; er ging von seiner Seite auf ihn zu und grüßte ihn warmherzig. Von diesem Augenblick an begann zwischen beiden eine innige Beziehung zu wachsen.

Rappard war ein weitgereister und überaus belesener Mann. Ein kluger Kopf, aber von großer Demut. Er hatte mit David Livingstone und Elias Schrenk in England und Schottland studiert, als Missionar in Kairo seine Frau Dora kennengelernt und war von 1868 an über 40 Jahre lang Inspektor der Pilgermission St. Chrischona. Ungezählte Studenten des dortigen theologischen Seminars wurden durch ihn nachhaltig geprägt und gesegnet.

Rappard lud Vetter immer einmal wieder zu besonderen Abenden ein, etwa wenn weitbekannte Persönlichkeiten des Reiches Gottes für einige Tage auf St. Chrischona waren. So lernte Vetter Hudson Taylor, den Gründer der China-Inland-Mission kennen, den Hofprediger Stöcker und den Pionier William Booth, der die Heilsarmee ins Leben gerufen hatte. An manchen Ausflugstagen wanderte Vetter mit seinen Tüllinger Schutzbefohlenen auf den Chrischonaberg und gewann diese friedvolle Stätte schon früh besonders lieb.

Langsam reifte die Entscheidung im Blick auf die Ausbildungsstätte für die vollzeitliche Verkündigung heran. Vetter zog manchen Ort in Erwägung. Es war ihm wichtig, dass in dieser Sache

Gottes Wille geschieht. So fragte er am Ende seiner Tüllinger Zeit Vater Greiner, zu welchem Studienort er ihm raten würde; auch Glunkins und Schrenks Meinung holte er ein. Als jeder dieser bewährten Männer – ohne von den Gedanken der anderen zu wissen – zur Pilgermission St. Chrischona riet, setzte sich Vetter am Karfreitag 1893 an den Schreibtisch seiner kleinen Tüllinger Stube und schrieb ein Aufnahmegesuch an Inspektor Rappard. Das war für ihn keine Kleinigkeit, sondern eine Entscheidung von zeitlicher und ewiger Tragweite. Das Herz schlug ihm bis zum Hals, als er die wenigen Zeilen aufsetzte.

Stunden später, überwältigt vom Sterben Jesu, an das er an diesem Karfreitag in großer Dankbarkeit dachte, schrieb er in die Bibel, die sein Vater nach der großen Flut erworben hatte, folgende Sätze:

»Ich, Jakob Vetter, geboren am 23. November 1872 in Worms am Rhein, verschreibe mich heute, dem 31. März 1893, am heiligen Karfreitag, Dir, meinem Jesus Christus, von nun an bis in Ewigkeit, Dein zu bleiben als gehorsames Kind. Ich verspreche Dir, meinem geliebten Heiland, zu dienen, für Dein Reich meine ganze Kraft, mein ganzes Leben, auch meine Glieder, alles, was ich aus Deiner Hand in Gnaden empfangen habe, zur Verherrlichung Deines Namens einzusetzen. Herr, Dein heiliger Wille geschehe! Gib mir alles dazu, was ich brauche, um mit Dir gekreuzigt zu sein, um mit Dir leben und sterben zu können. Führe mich, lieber Heiland, den Weg zu Dir, dass ich auf meiner Pilgerfahrt nicht falle. Gib mir einen Eifer für Deine Sache, der mir keine Ruhe lässt, damit ich Dir diene Tag und Nacht; einen Glauben, der sich auf Dich, den Felsen gründet; eine Liebe zu Dir, dass mich keine Macht der Finsternis noch Trübsal noch Menschen, Marter und Schwert von Dir trennen kann; eine Hoffnung, die sich gründet auf den heiligen Berg Zion, und zwar so fest, dass kein Sturm dieser Zeit mich von diesem Ziel zurückhalten kann. Herr Jesus Christus, mein Heiland, Herr und Gott, Dir gelobe ich Treue bis zum Tod!«

Mit seinem eigenen Blut unterschrieb er das Gelöbnis.

Die Zeit wurde ihm lang, bis endlich, fast drei Monate später, Rappards Antwort kam. Mit zitternden Händen öffnete er den Brief und stieß, als er ihn gelesen hatte, einen Jubelschrei aus. Er war angenommen! Vetter hat diese Morgenstunde des 22. Juni zu den glücklichsten Stunden seines Lebens gezählt. »Pilgermissionar zu werden – das ist köstlicher als Silber und Gold; größer als König und Kaiser«, schrieb er einem Freund.

St. Chrischona, Riehen (Schweiz)

Licht auf dem Berge

Am 2. September 1893 zog Jakob Vetter mit 14 weiteren Pilgermissionsschülern in St. Chrischona ein. St. Chrischona – was für ein denkwürdiger Ort! Schon in Tüllingen hatte sich Vetter über die Geschichte von St. Chrischona kundig gemacht und war von dem, was er darüber erfuhr, tief bewegt. Seit alters stand eine Wallfahrtskirche auf dem Berg, um deren Entstehung sich manche Legende rankte. Von der Reformationszeit an fanden dort evangelische Gottesdienste statt. Dann aber brach der Dreißigjährige Krieg über das Abendland herein. Wilde Soldatenhorden beschädigten die schöne gotische Kirche und plünderten sie aus. Fortan war sie ein Zufluchtsort für Schmuggler und allerlei gestrauchelte Gestalten auf der Flucht. Zusehends verfiel sie.

Da schenkte Gott dem damals schon fünfzigjährigen Spittler, der bei einem Spaziergang das Kirchlein gesehen hatte, eine folgenschwere Vision. Er sah in und um das Kirchlein herum eine blühende Ausbildungsstätte für junge Menschen, die ihr Leben für Jesus im Dienst der Verkündigung und Mission hingeben wollten. Mit einigen wenigen jungen Männern begann Spittler 1840 das Werk der Pilgermission in der noch halb verfallenen Kirche. Der Dachboden diente als Schlafsaal, das Schiff zum Lehren und Beten, der Eingang als

Küche und der Turm als Wohnung des Inspektors. Da in St. Chrischona von allen Anfängen an praktische Arbeit und theologische Ausbildung Hand in Hand gingen, erstrahlte die kleine Kirche bald in neuem Glanz. Wohn- und Lehrgebäude sowie Werkstätten entstanden; ein landwirtschaftlicher Betrieb wurde begonnen. In den über eineinhalb Jahrhunderten seit der Gründung hat St. Chrischona Tausende von Predigern, Missionaren und Evangelisten hervorgebracht, die in aller Herren Länder ausgesandt wurden. Manche sind als Märtyrer gestorben. Ungezählte haben bleibende Segensspuren hinterlassen. Was Wunder, dass Vetter der Einzug in diese Stätte tief bewegte und dass er die erste Nacht mit Danken und Loben verbrachte.

Die vierjährige Ausbildung stellte an die »Zöglinge«, wie man damals sagte, hohe Anforderungen. Im ersten und zweiten Jahr konzentrierte sich das Studium auf Englisch und Griechisch, Philosophie und Psychologie, Musik und Mathematik, Kirchengeschichte und Dogmatik. In den beiden Abschlussjahren lag der Schwerpunkt auf dem Alten und Neuen Testament sowie auf Unterricht, Verkündigung und Seelsorge.

Das Konzept von St. Chrischona verhinderte, dass die Studenten kopflastig wurden. Vetter wurde der Küsterdienst zugewiesen. Da er darüber hinaus mit dem Backen, mit dem Schneiderhandwerk und mit der Landwirtschaft vertraut war, kam er auch dort reichlich zum Einsatz. Ihm war das keine Last, im Gegenteil: Gerade die praktische Arbeit machte ihm helle Freude. Er wollte sie so gut wie möglich für Gott tun. Seit den Besuchen bei jenem alten Ehepaar in Worms hatte sich ihm das Wort des jungen Hofacker unauslöschlich eingegraben:

»Werdet im Dienste Gottes keine Herren und Herrlein! Werdet vielmehr Knechte, denn auch Christus ist ein Knecht gewesen. Ich weiß wohl um die Versuchung, ein Herr zu werden. Ach, nur keine Herren! Das steht einem übel an, der ein Knecht Jesu sein will. Spaltet Holz, fegt aus, wascht einander die Füße. Wer's am besten kann, der ist der Größte! Wisst, dass der Heiland keine Weltstudenten brauchen kann, sondern Tagelöhner, Knechte, Lastträger, die ihn aber liebhaben; Leute, die schwitzen, frieren, hungern und sich eine Lust daraus machen um Seinetwillen. Es geht in den Kampf; da kann man keine Leute brauchen, die die Kleider schonen. Seid keine Paraderosse, sondern Zugpferde!«

In jeder freien Minute saß Vetter in der großen, gutsortierten Bibliothek. Keiner las so viel wie er, oft halbe Nächte lang. In den ersten Wochen fesselten ihn die Werke der großen Philosophen, von den griechischen Denkern angefangen bis zu den Ideologen der Französischen Revolution. Manchmal fürchteten seine Lehrer, er könnte bei falschen Geistern Feuer fangen. Später hat ihm die gründliche Kenntnis der Philosophen, der Kunst- und der Geistesgeschichte geholfen, die Zeichen der Zeit zu erkennen und intellektuellen Zeitgenossen ein kompetenter und entwaffnender Gesprächspartner zu sein – mitunter ein Gehilfe zum biblischen Glauben.

Auch die Mystiker nahm er sich vor, Dutzende! Sie faszinierten ihn in ihrer Konzentration auf Gott und mit der Innigkeit ihrer Gottesliebe, und weckten in ihm eine tiefe Sehnsucht nach Vollkommenheit. Dieses Streben kam schließlich vollends zum Tragen, als er die Märtyrerakten sowie Biografien, Autobiografien und Tagebücher von zahlreichen Kirchenvätern und großen Gestalten des Mittelalters und des Pietismus las. Das Leben des heiligen Antonius von Alexandria beeindruckte ihn besonders tief. Antonius hatte um Jesu Willen Amt und Würden, Reichtum und bischöfliche Macht aufgegeben und war als Einsiedler in die Wüste gegangen, wo er Tausenden, die zu ihm pilgerten, zum Seelsorger wurde. Die Regeln des Benedikt von Nursia für das persönliche und gemeinsame Leben bestachen Vetter ebenso wie das Glaubensleben des Paulus von Theben, des Pachomius und vor allem des Franz von Assisi, der so überzeugend dem armen Jesus folgte. Unmerklich und ungewollt rückte das Kreuz Jesu aus der Mitte, und alles begann sich auf das eigene fromme Bemühen zu konzentrieren.

Vetter fing an, nach mönchischer Tradition Tagzeitengebete zu halten. Um 5 Uhr stand er zum ersten Mal auf zum Gebet; abends um 9 Uhr folgte die siebte Gebetszeit. So oft wie möglich verbrachte er einige Zeit des Gebets in der Nacht, weil die Frage Jesu an den harten Kern seiner ersten Jünger in seinem Gewissen bohrte: »Könnt ihr nicht eine Stunde mit mir wachen?« Doch! Er wollte das Jesus zuliebe tun. Zweimal pro Woche fastete er. Ein ganzes Jahr lang nahm er keine Fleischspeisen zu sich. Ja, er begann sogar, wie viele der Wüstenväter und mittelalterlichen Heiligen seinen Leib zu kasteien. Eine Zeit lang spielte er mit dem Gedanken der Gründung eines evangelischen Ordens. Ihm schwebte eine Gemeinschaft von entschiedenen Brüdern vor, die wie er heiligmäßig zu leben begehrten und miteinander hinausgingen, um Christus zu bezeugen.

Die Gewalt, die er seinem Leib antat durch Fasten an Essen und Trinken und Schlaf, schwächte ihn derart, dass sich seine Lehrer und Mitschüler ernstlich um ihn zu sorgen begannen. Umso mehr mühte er sich, kein Aufhebens von seiner Person zu machen und all seine Aufgaben gewissenhaft zu erfüllen. Ja kein Selbstmitleid – das könnte seinen Fortschritt in der Vollkommenheit mindern.

Je länger er jedoch mit dieser Art zu leben fortfuhr, desto überschatteter wurde seine Seele. Er war der Verzweiflung nahe! Er wollte vollkommen werden und scheute dabei die Kosten nicht, doch vermochte er es nicht zu vollenden. Täglich schien die Kluft zwischen Anspruch und Wirklichkeit größer zu werden. Je entschiedener er in das gleißende Licht der Gerechtigkeit Gottes trat, desto länger wurden die Schatten seiner Unwürdigkeit und desto dunkler die Nacht seiner Verdammnis. Wenn das stimmte, dass der Mensch erntet, was er gesät hat, würde er zur Hölle fahren!

Endlich, nach Monaten des vergeblichen Ringens um Heiligung und Vollkommenheit, brach der Tag der Freiheit unversehens an. Es war an einem Samstagnachmittag des Jahres 1895! Die alte, ehrwürdige Chrischonakirche grüßte wie seit Jahrhunderten ins Tal. Tiefe Stille lag auf dem weiten Gelände der Pilgermission. Keiner aber ahnte, was sich in der Sakristei der Kirche abspielte. Hier lag Jakob Vetter in großer innerer Not vor dem Angesicht Gottes, hielt ihm sein geängstigtes Herz hin und schrie: »Herr, mein Gott, ich bin's nicht und ich kann's nicht!« Inbrünstig und unter Tränen flehte er um Erbarmen und Erlösung. Da wurde es plötzlich hell! Ihm war, als stünde Christus selber in der winzigen Sakristei und spräche, auf seine Wunden deutend: »Ich bin's, Jakob, und ich hab es vollbracht! Mein Blut wäscht rein von aller Sünde!«

Wie die Sonne nach langer, dunkler Nacht herrlich am Himmel aufgeht, so ging Vetter die Sonne der Gnade auf. »Ich darf aus Gnaden leben; weil du so gut bist, Herr, nicht weil ich so gut bin! So müssen Paulus und Luther gejubelt haben«, schoss es Vetter durch den Kopf. »Gnade! Von Jesu Gerechtigkeit herunterleben wie vom täglichen Brot, nicht mehr von der eigenen! Nicht ernten müssen, was ich gesät habe, weil Jesus schon geerntet hat, was ich gesät habe.«

Wie neu geboren erhob sich Vetter von den Knieen und kehrte als ein Verwandelter in die Chrischonagemeinschaft zurück.

Tiefer Friede und eine stille, anhaltende Freude erfüllte ihn. Manchmal trafen sich beim Unterricht die Blicke von Inspektor Rappard und Jakob Vetter; dann huschte über das Antlitz beider ein flüchtiges Lächeln. Rappard, der längst Vetters Seelsorger geworden war, hatte über Monate seinen vergeblichen Kampf um ein gottwohlgefälliges Leben aus der eigenen Kraft beobachtet und betend begleitet, hatte aber bewusst nicht eingegriffen. Vetter musste selber erfahren, wer er ist und wer Gott ist, um sich dann Christus in die Arme zu werfen und die Gnade des Nullpunkts zu erleben. Rappard wusste gut Bescheid. Vor 20 Jahren war er nach dem Besuch der berühmten Oxforder Heiligungskonferenz selber ähnlichen Kämpfen ausgesetzt gewesen. Auch er hatte dann endlich das Aufleuchten der Gnade erlebt; hatte die befreiende Tatsache begriffen, dass der Mensch sich nicht auf den aussichtslosen Weg der Selbsterlösung und Selbstheiligung begeben muss, sondern dass ihm Christus zur Heiligung ebenso geschenkt ist wie zur Erlösung. In seinem Blut liegt sowohl die Macht, von Sünden reinzuwaschen, als auch die Macht, vor Sünden zu bewahren.

Seit jenem einschneidenden, folgenschweren Erleben in der Sakristei der Kirche waren gerade einmal vier Wochen vergangen, als auf St. Chrischona die jährliche Konferenz stattfand. Tausende strömten an diesem heißen Julisonntag auf den Berg und füllten die riesige Ebenezerhalle bis auf den letzten Stuhl. Die Studenten hatten, jeder an seinem Platz, alle Hände voll zu tun, und auch Vetter war als Kirchendiener den ganzen Tag gefordert. Die Konferenz endete mit einer großen Abendveranstaltung. Da es schon dämmrig wurde, zündete Vetter auf der Bühne die Lichter an. Kaum hatte er die letzte Lampe entzündet, als er einen starken Druck in der Lunge verspürte. Er musste husten, und plötzlich spuckte er eine große Menge Blut. Keiner hatte etwas bemerkt. Schnell eilte er zur Toilette und wusch das Blut von seiner Kleidung. In der Halle zurück setzte er sich still auf einen hinteren Platz und hielt betend bis zum Ende der Veranstaltung durch. Nachdem die letzten Aufräumdienste verrichtet waren, ging er zu Bett, wo er bald vor Erschöpfung und übergroßer Müdigkeit einschlief.

Am nächsten Morgen war er beim Erwachen noch so geschwächt, dass er nicht aufstehen konnte. Da erst wurden die andern auf seinen Zustand aufmerksam und verständigten Inspektor Rappard. Rührend kümmerte sich dessen Frau um den Kranken. Die Tage vergingen. Vetter kam langsam wieder zu Kräften. Fast schien es, als sei die schwere Blutung eine einmalige Sache gewesen. Knapp einen Monat später aber wurde Vetter von einer zweiten Blutung überrascht; nach wenigen Wochen folgte eine dritte.

Da brach über Vetter die finstere Nacht der Anfechtung herein. Hatte ihn Gott nicht zum Evangelisten berufen? War das nicht durch Worte der Schrift und in seinem Innern, durch das Segenswort des sterbenden Vaters und durch den Zuspruch vieler Brüder dutzendfach bestätigt worden? Wollte Gott jetzt seine Berufung zurücknehmen? Sollte die Krankheitsnot am Ende bedeuten, dass er doch nicht für den heiligen Dienst taugte?

Vetter wurde es nicht nur wegen seiner Krankheit schwarz vor Augen, auch in seiner Seele gingen die Lichter aus. Finsternis umgab ihn! Unendlich traurig und mit einem tiefen Seufzer drehte er sich zur Wand. Da fiel sein Blick auf einen Spruch, der dort hing. Der Tränenschleier über seinen Augen verhinderte, dass er alle Worte erfassen konnte; aber das eine, dickgedruckte, entscheidende Wort nahm er wahr: »Gnade«! Da begann es wieder hell zu werden in seiner Seele.

Es mochten einige Stunden, vielleicht auch nur Minuten vergangen sein, da klopfte es an die Tür und Inspektor Rappard trat ein. Lange sprachen die beiden Männer miteinander. Es fielen die Namen von allerlei guten Ärzten; dann fassten sie den in Blick, der von sich sagt: »Ich bin der Herr, Dein Arzt!«

»Wem vor allem willst Du vertrauen, Jakob?«, fragte Rappard. »Jesus soll mein Arzt und Heiland sein; Ihm sei alles anheimgestellt«, antwortete Vetter.

Diese Entscheidung bedeutete nicht, dass Vetter für sich und die ihm anvertrauten Menschen zeitlebens keinen Arzt in Anspruch genommen hätte. Nein, aller Schwärmerei war Vetter abhold! Diese Entscheidung legte nur fest, wem er für Zeit und Ewigkeit, in gesunden und in kranken Tagen sein Grundvertrauen schenken wollte. Wie ein Kind wollte er damit rechnen, dass Jesus umfassend heilen kann. Seine Hilfe wollte er erfahren. Seine Macht allein preisen, falls die Krankheit seinen Dienst nicht beenden würde.

Nach Vetters Antwort legte Rappard dem Kranken die Hände auf, rief den Namen und den Sieg Jesu über ihm aus und sprach ihm das Wort Jesu zu: »Jakob, lass dir an meiner Gnade genügen, denn meine Kraft ist in den Schwachen mächtig!«

Als Vetter einigermaßen reisefähig war, wurde er zusammen mit einem Mitschüler zur Erholung in die Rämismühle geschickt, einem noch jungen Asyl für allerlei Hilfsbedürftige des Leibes und der Seele, in einem lieblichen Tal im Kanton Zürich gelegen. Später kam er noch oft dorthin, nicht nur zur Erholung, sondern auch zu mancherlei Diensten. Als ihn bei seiner Ankunft eine der leitenden Schwestern sah, rief sie erschrocken: »Was, als Bote Gottes willst du ausziehen? Du stehst doch am Rande des Grabes!« Die Wochen in der Rämismühle taten Vetter gut; seine Gesundheit schien sich zu stabilisieren.

Waren auf St. Chrischona Unterrichtsferien, hieß das für die Zöglinge nicht einfach Urlaub pur, vielmehr wurde das Gute mit dem Nützlichen verbunden. Sie wurden im In- und Ausland zu allerlei Vertretungen und Diensten eingesetzt; jedes Mal eine Art Praktikum, das nicht nur den Gemeinden und Gemeinschaften vor Ort zugute kam, sondern auch den Studenten. Die Verkündigungsdienste unter der Anleitung und den Augen bewährter Brüder waren eine ebenso herausfordernde wie heilsame Schule. In aller Regel vollzog sich die Diensteinteilung mehr nach der Absicht der Lehrer und den Anfragen der interessierten Gemeinden und Gemeinschaften als nach den Wünschen der jungen Predigtanwärter.

Für manche ging es dabei auch gelegentlich zurück an vertraute Orte. So wurde Vetter einmal nach Worms geschickt, wo er mit vielen Bekannten ein Wiedersehen feierte. Einen Nachmittag lang nahm er sich Zeit, durch die vertrauten Viertel zwischen Dom und Rhein zu schlendern. Am Abend sagte er zu einem alten Freund betroffen:

»Jede Gasse, ja, jedes Haus erinnerte mich an die Sünden meiner Kindheit und Jugend.«

In den Osterferien des Jahres 1896 verbrachte Vetter einige Tage in Morat in der französischen Schweiz.

Er war dort für verschiedene Dienste vorgesehen und man freute sich schon sehr auf ihn, hatte man doch manche ungewöhnlichen Berichte über ihn gehört. Wegen seiner angeschlagenen Gesundheit verschob Vetter die Vorbereitung der Dienste auf die Zeit vor Ort. Es würde zwischendurch sicher reichlich Gelegenheit geben, sich zurückzuziehen. Die Tage in Morat nahmen jedoch einen ganz anderen Verlauf, als er voraussehen konnte. Noch Jahre später erinnerte er sich an jede Einzelheit:

»Am Ostersonntag sollte ich in Avanches, der Geburtsstadt der römischen Kaiser Titus und Vespasian, die Predigt halten. Den Weg von Morat nach Avanches legte ich zu Fuß zurück. Ich tat es aus zwei Gründen: Zum einen, weil es ein Feiertag war, zum andern, weil ich sehr arm war und meine Ausgaben auf das Nötigste beschränken musste. Als ich ein Stück Wegs gegangen war, begann ich mich unwohl zu fühlen, und plötzlich – ich hatte gerade einmal die Hälfte des Weges zurückgelegt – fing meine Lunge wieder an zu bluten. Da war die Not groß, denn ohne Hilfe befand ich mich in einer französischen Gegend. Ich fing an zu zittern. In solchen Stunden lernt man, nach

Gott zu schreien und sich an ihn zu klammern. Und er half, als ich rief! Das Bluten hörte auf, und ich kam verspätet in die vollbesetzte französische Kapelle. Da merkte ich, dass ich sowohl den Text als auch die vorbereitete Predigt vergessen hatte. Fast ohnmächtig, mehr tot als lebendig, stieg ich auf die Kanzel. Als ich gebetet hatte und der Gemeindegesang beendet war, wurde mir das Wort eingegeben, dessen Kernaussage lautet: ›Wir haben ein Osterlamm, das ist Christus, für uns geopfert. Darum, lasst uns Ostern halten …!‹ Ich weiß nicht mehr, was ich über das Osterlamm gesagt habe, aber ich weiß, dass Gott sich meiner erbarmt und das schwache Zeugnis gesegnet hat. Während ich sprach, durchströmte mich neue Kraft. Nach der Predigt fuhr ich nach Morat und zog mich auf mein Zimmer zurück. Den lieben Freunden, deren Gast ich sein durfte, sagte ich kein Wort von dem, was vorgefallen war. Ich fürchtete, sie könnten so erschrecken, dass sie mich vom nächsten Dienst abhalten würden. Es wäre nur natürlich gewesen. Am Nachmittag sollte ich anlässlich des Jahresfestes der Gemeinde eine Festansprache halten. Wie ein Sterbender lag ich auf dem Sofa, das Bluten hatte sich wieder eingestellt. Ich empfahl mich den treuen Händen Gottes. Die Stunde des Festes kam. An Vorbereitung war bei der großen körperlichen Schwäche nicht zu denken. Ohne Text und Disposition ging ich an das Pult. ›Er kann helfen‹, dachte ich. Und er half! Nach der Festveranstaltung fühlte ich mich neu gestärkt und machte mich daher auf den Weg nach Kerzers, um den abendlichen Evangelisationsvortrag zu halten. Aufs Äußerste erschöpft, kam ich dort an. Erneut blutete meine Lunge. Diesmal hatte ich die Freiheit, den Leitern der Veranstaltung davon Mitteilung zu machen. Die guten Leute waren sehr bestürzt, pflegten mich, so gut sie konnten, und baten Gott um Gnade. Bis zum Beginn des Abends legte ich mich hin und schlief ein. Man weckte mich, als sich das Volk schon versammelt hatte. Der Saal war überfüllt. Nach Gesang und Gebet sprach ich über das Wort: ›Jesus nimmt die Sünder an!‹ Die Kraft der Ewigkeit kam über mich. Ich redete mit großer Freude von der Liebe Jesu zu den Sündern. Nach der Predigt blieben viele zurück. Unter Tränen bekannten sie ihre Sünden, gaben ihr Leben in die Hände Jesu und wurden Kinder der Gnade. Am andern Morgen fühlte ich mich so frisch, als ob ich nie Lungenbluten gehabt hätte.«

Solche und ähnliche Erfahrungen machte Vetter bis zu seinem Tod. Sein schwacher Leib und das oft überraschende Lungenbluten trieben ihn weder ins Selbstmitleid noch in die Anklage Gottes. Vielmehr sprach er, je älter und reifer er wurde, desto lieber und überzeugter vom Segen dieser Leidensschule.

In den Sommer desselben Jahres fiel ein Ereignis von weittragender Bedeutung. Mit bewegtem

Herzen las er ein ums andere Mal im Evangelium: »Es jammerte ihn des Volks!« Jesus, der gute Hirte, war oft von Hunderten, mitunter von Tausenden umringt und spürte ihren Hunger und Durst nach wahrem, ewigem Leben. Sie erschienen ihm wie eine Herde, die keinen Hirten hat – im Orient eine todgeweihte Herde!

»Es jammerte ihn des Volks« – dieses Erbarmen lebte auch im Herzen Jakob Vetters. Die Massen des Volkes lebten ohne Gott, ohne Glauben, ohne Liebe, ohne Hoffnung. Es gab arme Arme, äußerlich und innerlich in tausend Nöten. Es gab aber auch arme Reiche, die ihr Herz an materielle oder ideelle Güter hängten, welche die Zeit nicht überdauern. In einer deutschen Zeitung hatte Vetter gelesen, dass in vielen Stadtgemeinden nur noch fünf Prozent derer, die in Kirchenbüchern eingetragen sind, Gottesdienste besuchen. Wer konnte dieser Not ein Ende bereiten? Wie und wo konnte man das entkirchlichte Volk wieder unter das ewige Wort bringen? Auf welche Weise konnte man dafür sorgen, dass sie das rettende Evangelium hören und den Heiland kennenlernen? Die Marxisten, die Sozialisten und andere Weltverbesserer versprachen – oft im guten Glauben – das Paradies auf Erden. Wenn man die Verhältnisse ändern würde, würde sich alles zum Guten ändern! Aber Vetter ahnte: Nichts würde sich ändern! Es würden nur die nach oben kommen, die unten sind, und die, die oben sind, nach unten. Ströme von Blut würden dabei fließen. Entscheidend geholfen werden konnte dem Volk nur durch Veränderung der Herzen.

Als er, nur einige hundert Meter vom Chrischonakirchlein entfernt, in solche und ähnliche Gedanken vertieft auf und ab ging, sah er plötzlich ein großes Zirkuszelt. »Eine Vision und doch keine Vision«, schrieb er in sein Tagebuch. Ungesucht stand das Zelt vor seinen Augen, wie einst Mose die Stiftshütte, das Zelt Gottes, von Gott gezeigt wurde. Ja, das musste es sein! In großen Zelten Menschen die frohe Botschaft von der Liebe Jesu verkündigen! Wenn die Leute nicht mehr in die Kirche kamen, dann musste eben die Kirche zu den Leuten kommen. Jesus hat auch nicht nur das »Kommet her!« gesagt, sondern hat das andere hinzugefügt: »Gehet hin!«

Vetter war nicht der Erste in der Geschichte Gottes mit den Menschen, dem Gott auf solch außergewöhnliche Weise die Augen öffnete; er ist auch nicht der Letzte gewesen, dem Gott durch eine Vision den Weg wies. In großer Souveränität konnte und kann Gott zu allen Zeiten Menschen seinen Willen offenbaren, seine Gedanken einprägen und ihre persönliche Platzanweisung geben.

Ganz erfüllt von dem, was er gerade erlebt und geschaut hatte, ging Vetter in die nahe Kirche und gab Gott das Versprechen, für alle seine Pläne bereit und verfügbar zu sein.

Einige Tage vermochte Vetter das Geschaute

und Erkannte für sich zu behalten. Dann aber drängte es ihn, anderen seine Erregung und Freude mitzuteilen. Am Pult stehend, zeichnete er in einer Unterrichtspause ein großes Zelt auf ein Stück Papier. Die Mitstudenten, die ihm amüsiert über die Schulter schauten, wollten wissen, ob das die alte Stiftshütte sei oder ein modernes Zirkuszelt. Wie hatte Vetter auf diese Gelegenheit gewartet! Wes das Herz voll ist, des geht der Mund über. Mit begeisterten Worten legte er ihnen die Vision dar, Menschen, die ohne Gott und Gewissheit des Heils dahinleben, in großen Zelten das Evangelium zu sagen. Seine Begeisterung aber wich bald herber Ernüchterung und großer Traurigkeit. Die meisten reagierten mit völligem Unverständnis. Sie kannten die seitherigen Wege, die Frohe Botschaft von Jesus Christus zu verkündigen. Der Gedanke an eine Kanzel im Zelt war ihnen fremd und machte ihnen Angst. Andere trieben ihren Spott; mancher fürchtete gar, Vetter würde den Verstand verlieren.

Dieses Erlebnis war für Vetter eine Lehre! Künftig bewegte er derlei heilige Dinge erst in seinem eigenen Herzen und breitete seine Gedanken und seine Freude eine Zeit lang allein vor Gott aus.

Die Zeit des Studienabschlusses rückte heran. Je näher sie kam, desto heißer brannte in Vetter das Feuer des Verlangens, endlich als Pilgermissionar hinausgehen und Menschen zum Heiland einladen zu können. Manchmal saß er auf einer Bank, schloss die Augen und malte sich in Gedanken aus, wie er den Massen predigte, die er sich in Kirchen, Sälen und großen Zelten versammelt vorstellte. Dabei flogen ihm die Bilder und Beispiele nur so zu, mit denen er das Evangelium verdeutlichen wollte. Die alte Verheißung aus dem Buch Jesaja schien über seinem Leben und über seinem künftigen Wirken zu stehen: »Du wirst sein wie ein bewässerter Garten und wie eine Wasserquelle, der es nie an Wasser fehlt.«

Ein Mitstudent erzählt, Vetter habe oft im Traum so laut gepredigt, dass alle aufgewacht seien. Keiner hatte die Freiheit, ihn zu wecken; vielmehr hörten sie ihm gespannt zu, oft länger als eine Viertelstunde. Es konnte dann ohne weiteres vorkommen, dass er sich nach dem Amen auf die andere Seite drehte, laut seufzte, und eine zweite Predigt begann.

Kurios ist auch die Erinnerung an seine erste Seminarpredigt, die vor den Mitstudenten und der Hausgemeinde gehalten werden musste. Der zuständige Lehrer, Pfarrer Heußer, hatte die Predigt zu beurteilen. Es war üblich, die Predigt schriftlich auszuarbeiten und das Manuskript Pfarrer Heußer einige Tage vorher auszuhändigen. Dann kam der Morgen, an dem Vetter predigen sollte. Er trat ans Pult, las den Text, betete und legte los. Der arme Heußer drehte und wendete das abgegebene Manuskript nach allen Seiten, aber was Vetter predigte, konnte er beim besten Willen nicht finden. Jedoch kam es weder zur Unterbrechung noch zum Ärger. Wie die Mitstudenten und die Hausgemeinde war auch Heußer von Vetters Predigt gepackt. Vetter predigte laut und schlug auch einmal mit der Faust aufs Pult, um einer Aussage mehr Nachdruck zu verleihen. Als er fertig war, nahm ihn Pfarrer Heußer zur Seite und fand sowohl die notwendigen Worte gütiger Ermahnung als auch solche der Ermutigung. »Gott wird dich nicht ohne Segen lassen, Jakob!« Pfarrer Heußer war neben Inspektor Rappard derjenige, der Vetter von allen Chrischonalehrern am nachhaltigsten formte.

Endlich brach der Sommer 1897 an! Die Prüfungen wurden durch Fleiß und Gottes Hilfe bestanden. Am 25. Juli erlebte Vetter mit 14 jungen Brüdern den Tag der Einsegnung und Aussendung. Einige Tage verblieben noch auf dem Berg zum Packen und zum Abschiednehmen von liebgewordenen Menschen. Dann machten sich die 15 Absolventen in die verschiedensten Regionen Deutschlands und der Schweiz auf den Weg.

Lebensbote an der Todesgrenze

Jakob Vetter wurde als Prediger ins kurhessische Lich entsandt. In dieser malerischen mittelalterlichen Fachwerkstadt gab es erst seit wenigen Jahren eine Gemeinschaft, in der Pilgermissionare aus St. Chrischona wirkten. Bedienstete des Licher Grafen waren im Ruhrgebiet zum Glauben gekommen und vermissten danach in Lich eine klare Verkündigung des Wortes Gottes. Die rationalistischen Predigten, die sie dort in den Gottesdiensten zu hören bekamen, stillten ihren Hunger nach dem Brot des Lebens nicht. Mit kühner Entschlossenheit und in kindlichem Glauben schrieben sie an Inspektor Rappard und baten inständig um einen Prediger, der ihnen die Bibel erwecklich und praktisch auslegen könnte. Inspektor Rappard ließ sich bitten. Eine Gemeinschaft entstand und der erste Pilgermissionar aus St. Chrischona begann seinen Dienst.

Als Vetter zwei einfache Zimmer im Licher Gemeinschaftshaus bezog, war er erst der Dritte, der aus St. Chrischona dorthin entsandt worden war. Evangelist Härdle wurde ihm als Mentor zugeordnet. Die beiden Männer verband schnell eine herzliche Freundschaft. Was den noch nicht einmal 25-jährigen Vetter allerdings erwartete, hätte auch einen kerngesunden Menschen völlig überfordert. Er hatte nicht nur in Lich zu predigen, sondern musste darüber hinaus jede Woche in 16 Dörfern, die teilweise weit auseinanderlagen, Gemeinschaftsstunden halten. Ohne Rücksicht auf Sonne und Regen, Hitze und Kälte, Wind und Wetter legte er die meisten Wege zu Fuß zurück. Sonntags stand zusätzlich eine Evangelisationsversammlung an. Außerdem waren zahlreiche Kranke zu besuchen und allerlei Post zu erledigen. Es blieb kaum Zeit zur Vorbereitung und, was für Vetter noch schmerzlicher war, zur persönlichen Stille vor Gott. Wie ein Hilfeschrei klingt der kurze Brief, den er an einen vertrauten Freund schrieb:

»Ohne Vorbereitung kann ich nicht sprechen. Was ich einst in der französischen Schweiz erlebte, war eine besondere Sache und eine Gnade Gottes, die er nicht alle Tage gibt. Ich bin doch kein Redner, der einen Heuwagen voll Gedanken mit sich herumführt! Das ist zwar ein Armutszeugnis, aber es ist die reine Wahrheit!«

Solche Briefe flossen ihm durchaus nicht leicht aus der Feder, hatte er doch gelobt, alle Dienste, seien es viele oder wenige, ohne Murren zu tun – aus Liebe zu Gott und den Menschen. Aber er fühlte erschrocken seine Kräfte schwinden. Hinzu kam ein Umstand, der ihm noch mehr Not bereitete. Er hatte sich ja schon in seiner Wormser Zeit nach Sälen voller lebenshungriger Menschen gesehnt; auf St. Chrischona hatte er immer wieder davon geträumt. Wie armselig waren dagegen die

Gemeinschaftszusammenkünfte in den 16 Dörfern, die er betreute. Die Zahlen schwankten zwischen fünf und 25 meist älteren Besuchern. Zur äußeren Armseligkeit kam die innere. Viele schienen mit wenig zufrieden. Diese tödliche Selbstzufriedenheit raubte Vetter fast den Verstand. Kein Leuchten in den Augen, kein Brennen in den Herzen, lauter Halbheit im Leben! Hatte Jesus seine Leute nicht als Salz vorgesehen, und als Würze für eine fade, geschmacklose Welt? Hatte er ihnen nicht die Rolle des Lichts zugedacht angesichts der tausend Finsternisse dieser Zeit? Vetter merkte, dass er drauf und dran war, in das schwarze Loch der Resignation und der Depression zu fallen. Da stampfte er eines abends mit dem Fuß auf den Boden und schrieb ebenso entschlossen wie kämpferisch in sein Tagebuch:

»Nein und abermals nein – diese Freude werde ich dem Teufel nicht machen. Predigen werde ich, was ihn ärgert, mit aller Kraft, zur Zeit und zur Unzeit, vielen oder wenigen, bis Gott eine Erweckung schenkt!«

Er stand noch früher auf, um sich auf die Stimme seines Herrn einzuhören und ihm die Menschen ans Herz zu legen, denen er tagsüber begegnen würde. Das Fasten an Schlaf verlieh ihm göttliche Kraft, schwächte aber zusehends den angeschlagenen Leib. Inzwischen war es November geworden; die kalte, neblige Luft setzte seiner Lunge zu. Aber in den kleinen Versammlungen begann sich Leben zu regen; ein leises Erwachen war zu spüren. Zwischen den schläfrigen Gemeinschaftsleuten und dem jungen Feuerkopf entstand mehr und mehr Vertrauen. Da kam jener denkwürdige Abend des 3. November 1897. Kaum hatte Vetter seinen Mantel abgelegt, brach er zusammen. Unerträgliche Schmerzen wühlten in seiner Brust; dann fing ein Lungenbluten an, das auch nach vielen Stunden noch nicht enden wollte, und brachte Vetter an den Rand des Grabes. Es dauerte lange, bis ihn die Härdles in seinem Blute fanden. Andere Brüder wurden gerufen. Keiner hatte mehr einen Funken Hoffnung. Vetter selbst rechnete fest mit seinem Sterben.

In diesen Tagen hat Vetter ergreifende Briefe geschrieben. Letzte Worte eben; ernst und ewigkeitsschwer! Seinem liebsten Freund diktierte er:

»Ich bin sehr schwer krank, hatte einen Blutsturz wie nie zuvor. Ich glaube, dass dies das letzte Lebenszeichen von Deinem Dich liebenden Jakob ist. Auch bin ich sehr schwach, habe Schmerzen auf der Brust, gestern Abend furchtbares Kopfweh. Nun, mein Lieber, wir scheiden, doch nicht für immer. Bald kommt die Stunde, wo Du Dich mit mir freuen kannst. Deiner werde ich in der himmlischen Heimat gedenken. Jesus wird Dich recht gebrauchen – ich will ihn darum bitten. Lebe wohl.«

An seinen geliebten Inspektor Rappard richtete er den bewegendsten Brief:

»Lieber Herr Inspektor! Mein Gott hat mich jetzt auf das Totenbett gelegt und mir heute Morgen die letzte Lektion gegeben. Diese heißt kurz und bündig, einfach und klar: ›Bestelle dein Haus, denn du musst sterben!‹ Das ist eine Lektion, die mit Tränen, Seufzen und Wehmut, aber nicht mit Grauen verschluckt und verdaut werden muss; eine Lektion, die nur der große Pädagoge geben kann. Denken Sie aber nicht, lieber Herr Inspektor, dass ich ob dieser Lektion zu brummen oder zu murren angefangen habe, nein! Ehre und Lob meinem Gott für alles! Wie sollte ich anfangen zu brummen gegen meinen Gott, der sein Kind so lieb hat, und in dessen erbarmenden Händen ich liegen darf. Dies wäre schnöder Undank und Entheiligung seines Namens.

Es ist wohl wahr – gern hätte ich noch Seelen für das Lamm geworben, gern hätte ich noch geschaut, wie der König der Herrlichkeit sein Reich in Hessen aufrichtet. Gern hätte ich noch das teure Evangelium, dessen Kraft mich selig gemacht hat, verkündigt, aber nicht mein – Jesu Wille geschehe.

Ich hatte große Freude in meiner Arbeit. Es fing schon an, sich zu regen in einzelnen Seelen. Ich erwarb mir auch das Zutrauen der Gläubigen und sah mit lobendem Herzen, wie die Freunde Hunger bekamen nach dem Hausbrot des guten Wortes Gottes. Aber der Befehl vom Heiligtum heißt: Bestelle dein Haus und komm! Was habe ich da anderes zu tun, als meine wenigen Sachen zu ordnen, sodass, wenn ich über die Fluten des Jordan gegangen bin, alles in Ordnung gebracht ist.

Ich will von meiner letzten Blutung nur mitteilen, dass ich mich wundere, dass ich überhaupt noch die Gnade habe, dies zu tun. Es war meine stärkste Blutung, in der ganze Fetzen der Lunge mitgingen. Mein Gott hat das Flehen in jener Nacht gehört, als ich im Blute lag, und mir diese Gnadenzeit noch geschenkt. Habe ich alles fertig geordnet, Briefe, Bücher und dergleichen, dann will ich gern sagen: ›Tod, du kannst jetzt meine Hütte abbrechen!‹

Es wird mancher fragen, wenn er von meinem Heimgang hören wird: ›Was ist die Ursache? Warum?‹ Nun, was bist du, Mensch, um in Gottes Ratskammer hineinzuschauen? Ist dieses Jammertal die Hauptsache? Gottes Herz ist größer als unser Kopf. Was freue ich mich, die Lieben wiederzusehen, die mit mir ein Stück Wegs gegangen sind und vor mir daheim waren, samt all den Helden, deren Schriften mich so oft erfreut haben.

Die verantwortlichen Leute in St. Chrischona bitte ich, doch nicht zu denken, sie hätten einen Fehler gemacht bei meiner Aufnahme und Aussendung. Die Ewigkeit wird es offenbaren, dass es kein Fehler war. Nur das möchte ich dankbar sagen, dass ich ohne St. Chrischona nicht in der Lebensverbindung mit Gott stehen würde, in der ich jetzt stehen darf. Auf St. Chrischona habe ich Gott als meinen Erbarmer kennengelernt, der mich so erzogen hat, dass ich jetzt als Gegenstand seines Erbarmens ruhig, ohne Kummer, in großem Frieden in seinen Armen liege. St. Chrischona war für mich eine Hütte des Friedens, wo ich mich an Gottes Begegnungen und Segnungen freuen durfte.

Und nun komme ich zum Ende. Ich danke dem lieben Herrn Inspektor, der lieben Frau Inspektor, die mir eine liebe Mutter geworden ist, den Herren Lehrern und allen lieben Brüdern und Freunden, die mir viel Gutes getan, samt dem lieben Komitee und den treuen Versammlungen um den Berg herum. Ich danke allen von Herzen für alle Liebe. Jesus möge allen mit seiner Gnade vergelten und die Segensströme des himmlischen Lebens reichlicher fließen lassen als bisher. Alle Brüder möchten voll Leidenschaft und Heiligen Geistes immer für Jesus sein, denn sein ist das Reich und die Kraft und die Herrlichkeit in Ewigkeit.

Herzlich grüßt Euch alle und besonders Sie, lieber Herr und liebe Frau Inspektor, in der Liebe Jesu Euer geringer Pilger nach Zion!«

Bewegend wie die Briefe Vetters sind auch die Antworten auf diese Briefe.

»Mein teurer Bruder«, schrieb Inspektor Rappard, »wir sind im Geiste ständig bei Dir! Empfange unseren Dank für Deinen Brief vom Sterbelager. Dem Herrn ist alles möglich. Er kann ebensogut ein Sterbelager zu einem Lebenslager machen wie ein Verwesungsgrab zu einem Auferstehungsgrab. Ich stehe innerlich, wie Du stehst. Möchte dem Herrn nichts vorschreiben und auch nichts erzwingen, sondern wie Du vertrauen, dass er alles wohl machen wird, weil er alles am besten weiß.

Wir denken gar nicht, dass wir einen Fehler gemacht haben, als wir Dich aufnahmen. Der Herr hat Dich gesegnet, und Deine Arbeit war nicht vergeblich. Und nun, teurer Bruder, kannst Du zuerst zum Herrn kommen, so preise ich Dich glücklich. Bald kommen wir nach. Wie herrlich wird das Wiedersehen sein. Mein teurer Bruder, Du bist in Jesus und Jesus ist in Dir. Du bist geborgen; es fällt kein Haar von Deinem Haupt ohne den Willen Deines himmlischen Vaters. In ihm auf ewig verbunden Dein Dich treu liebender C. H. Rappard.«

Doch wider Erwarten kam Vetter langsam wieder zu Kräften und merkte bald selbst, dass Gott ihm das Leben noch einmal geschenkt hatte. Als er es wirklich fassen konnte, gelobte er, noch aufmerksamer und dankbarer zu leben und noch hingegebener zu dienen. Viel zu früh wollte er die Arbeit wieder aufnehmen. Aber Härdle und andere verantwortliche Brüder hielten ihn zurück. Sie berieten, wie sie Vetter angesichts seiner außerordentlichen Gaben auf der einen Seite und seiner schwachen Gesundheit auf der anderen Seite noch sinnvoller einsetzen könnten.

Nach reiflichem Überlegen änderten sie die äußeren Abläufe seines Dienstes grundsätzlich. Die langen Fußmärsche hörten auf, und auch der tägliche Wechsel der Einsatzorte hatte ein Ende. Künftig durfte er bis zu zwei Wochen an einem Ort bleiben und erlebte nicht nur, wie diese Regelung seinem leiblichen Wohlbefinden zugute kam, sondern auch, wie die Saat des Wortes Gottes aufging. Waren die ersten Abende oft nur von einer Hand voll Leuten besucht, so musste man häufig nach wenigen Tagen schon größere Säle suchen, weil Hunderte kamen, um die Botschaft zu hören. Überall erkannten Menschen ihre Verlorenheit und nahmen die Gnade Gottes in Christus an. Andere, die lau und schläfrig geworden waren im Glauben, erneuerten ihre Hingabe und wurden rührige Mitarbeiter in den Gemeinden und Gemeinschaften vor Ort. Es war, als ob in den Städten und Dörfern, wo Vetter hinkam, Fackeln entzündet und ein Brand entfacht würde. Bald wurden schon für die ersten Abende einer Evangelisation die größten Säle, manchmal sogar Fabrikhallen angemietet.

Besonders gern predigte Vetter den Bergleuten, von denen es im Hessischen viele gab. Bevor er nach einer Arbeit aufbrach, stand er immer noch am Ausgang, um die Menschen ein letztes Mal zu grüßen, ihnen in die Augen zu schauen, ihnen ein Wort mit auf den Weg zu geben oder einfach nur, um ihnen die Hand zu drücken. Dies geschah einmal derart herzlich und heftig, dass man Vetter noch Stunden nach dem Schlussabend die rechte Hand kühlen musste und die ganze Nacht hindurch Umschläge nötig waren zum Abschwellen und zur Linderung der Schmerzen. Über solche »süßen Plagen«, wie er es nannte, konnte sich Vetter freuen wie ein Kind.

Überall brachen Erweckungen aus. Aus der Ferne freute sich Inspektor Rappard herzlich mit. Als er einmal gefragt wurde, worin das Geheimnis des Dienstes von Vetter liege, antwortete er in Anspielung auf Vetters zerbrechliche Gesundheit: »Die Predigt von Bruder Vetter hat deshalb solche Kraft, weil er als Sterbender zu den Menschen redet.«

Die Arbeit Vetters brachte aber nicht nur Tausende unter Gottes Wort und löste Dankbarkeit und Freude bei denen aus, die oft Jahrzehnte für solche Aufbrüche gebetet hatten. Es gab auch reichlich Gegenwind! Nicht wenige Pfarrer warnten öffentlich vor dem Besuch solcher Veranstaltungen und schickten Beschwerdebriefe an Bürgermeister und Kirchenleitungen. Manchmal kam es während der Abende zu lauten Protesten und gefährlichen Störungen; in einigen Fällen wurden regelrechte Zeitungskampagnen gestartet. In aller Regel jedoch füllten solche Vorkommnisse die Säle und Hallen noch mehr. Waren manche zunächst aus purem Desinteresse an Gottes Wort vorsätzlich nicht gekommen, so hatte sie schließlich die öffentliche Aufregung um die Veranstaltung neugierig gemacht. Der Schuss ging sozusagen nach hinten los. Was der Arbeit schaden sollte, förderte sie. Man merkte an allen Ecken und Enden: Gott sitzt im Regimente!

Vetter nahm's gelassen, auch wenn ihn die Blindheit mancher Verantwortungsträger in Kirche und Welt traurig machte und ins Gebet trieb. Aber er wusste, dass schon in biblischer Zeit die klare, unverkürzte Ausrichtung des Wortes Gottes verschiedene Reaktionen ausgelöst hatte. Die einen waren wütend und machten ihrem Ärger Luft, die anderen spotteten und machten sich lustig, wieder andere traf die Botschaft mitten ins Herz, sodass sie Nägel mit Köpfen machten und Gott nachgaben. Die Propheten des alten Bundes hatten das in gleicher Weise erlebt wie die Apostel in neutestamentlicher Zeit und Tausende treuer Boten durch die Geschichte. Ja, Jesus selber hatte von allen Anfängen an nicht nur ergebene Jünger, sondern auch erbitterte Feinde. Und diesem Jesus folgte und diente er. »Der Knecht ist nicht über dem Meister.« Wie gut hatte doch der Herr die Seinen auf das Leben mit ihm und auf den Dienst an den Menschen vorbereitet!

In manchen Veranstaltungen saßen Stenotypisten. Oft erschienen Vetters Vorträge schon wenige Tage, nachdem er sie gehalten hatte, im Druck und fanden in ganz Deutschland Verbreitung. Was Wunder, dass sich sein Wirkungsgebiet ausdehnte.

Er kam nach Baden und in die Pfalz; über Evangelisationen in Heidelberg, Landau und Bergzabern war er besonders glücklich. Es kamen Einladungen aus Nord- und aus Ostdeutschland, das damals bis nach Stettin und Danzig reichte. Oft wurde er auch in die geliebte Schweiz gerufen. Die Fülle und die kraftraubende Art seines Dienstes zehrten immer mehr seinen Leib und seine Seele aus. Am ersten Advent 1898 schrieb er an Baumann, einen väterlichen Freund in Riehen bei Basel:

»Mein teurer Bruder! Meine Arbeit ist sehr viel und ich bin sehr elend! Oft fühle ich mich ganz entleert und abgespannt. Täglich erhalte ich neue Einladungen. Ach bitte, gedenke doch meiner, dass mir mehr Gnade und Kraft von oben flüssig wird. Wie ein Bettler seufze ich täglich am Gnadenthron herum. Ach, wenn ich zu geben hätte, was von mir verlangt wird, es wäre längst aus mit mir. So weiß ich, mein Vermögen ist's nicht! Nein, seine Kraft ist's! Drum geh ich mutig vorwärts, wissend, der Herr hilft mir. Die Mutlosigkeit und Verzagtheit überfällt mich zwar oft plötzlich wie ein Blitz aus heiterem Himmel. Aber sie muss weichen, sobald ich der großen Taten gedenke, die Gott immer schon getan hat, heute noch tut und in seiner Gnade auch durch mich, seinen geringsten Knecht, wirkt!«

»Wenn man Hunderten und Tausenden predigt, ist man vielen Gefahren ausgesetzt, besonders der stinkigen Eitelkeit«, notierte Vetter einmal in sein Tagebuch, um dann mit einem Lobpreis auf seine Schwachheit und Unzulänglichkeit fortzufahren. Das ständige Bewusstsein seines Unvermögens und das deutliche Wahrnehmen seiner Grenzen hat Vetter vor Hochmut bewahrt. Auch ließ er sich willig in sein Leben und Lehren hineinreden von Menschen, die ihm seelsorgerlich zugeordnet waren. Nach der Lektüre einiger Vorträge schrieb Inspektor Rappard Vetter einmal einen sehr offenen, fast schonungslosen Brief. Den Inhalt der Vorträge lobte er zwar, aber den kämpferischen Stil und die militärische Sprache rügte er. Er empfahl Vetter, sich doch bei den Aposteln umzulesen und bei ihnen zu studieren, wie sie mit Netzen der Liebe ohne Preisgabe des heiligen Ernstes Menschenfischer gewesen sind. Postwendend bedankte sich Vetter bei Rappard für die »heilsame« Ermahnung und versprach, bei den Aposteln in die Schule zu gehen.

Von der Zeltvision zur Zeltmission

Im ausgehenden 19. Jahrhundert geschahen in England Erweckungen, von denen man nicht nur in Europa, sondern in der ganzen Welt sprach. Die Namen Dutzender herausragender Persönlichkeiten waren in aller Munde. Man berichtete von Versammlungen in riesigen Hallen oder unter freiem Himmel, wo 5000 und mehr Menschen zusammenströmen würden, um das Evangelium zu hören. Leute jeden Alters und aus allen Gesellschaftsschichten kämen zum Glauben. Christliche Missionen und Liebeswerke schössen wie Pilze aus dem Boden.

Solche Berichte weckten in Vetter das Verlangen, nach England zu reisen und das Unglaubliche vor Ort zu studieren. Erst betete er nur darum, Gott möchte ihm eine Tür zu einer solchen Reise öffnen. Später vertraute er diesen Wunsch auch einigen Freunden an. Als Inspektor Rappard davon hörte, ließ sein Ja nicht lange auf sich warten. Im Sommer 1899 war es endlich soweit; Jakob Vetter trat mit seinem Freund Kurz die Reise nach England an. In Barmen, Rotterdam und weiteren Zwischenstationen wurde er von den jeweiligen Gastgebern um wenigstens einen Verkündigungsdienst gebeten. So waren Vetter und Kurz über eine Woche unterwegs, bis sie in London ankamen. Im Gästehaus der China-Inland-Mission fanden sie herzliche Aufnahme und hatten dort manche anregende Begegnung mit Gästen aus anderen europäischen Ländern und aus Übersee. Interessiert durchstreiften sie an den folgenden Tagen die englische Metropole, besuchten Kirchen und Museen und bestaunten die vielen Sehenswürdigkeiten. Die Abende verbrachten sie in verschiedenen Evangelisationsveranstaltungen und stellten bald fest, dass die Berichte, die sie zu Hause gehört und gelesen hatten, keineswegs übertrieben waren.

Das Zusammentreffen mit William Booth, den er bereits von St. Chrischona flüchtig kannte, hinterließ auf Vetter einen besonders nachhaltigen Eindruck. Lange sprachen die beiden Männer miteinander. Auf die Frage Vetters, was denn die Ursache seines so gesegneten Lebens wäre, antwortete der begnadete und auch überaus schlagfertige Booth: »Weißt du, ich denke, es ist dies: Ich habe mir von Gott nie etwas zweimal sagen lassen!« Diese Antwort hat Vetter sein Leben lang nicht vergessen. Er begann, es selber so zu halten und hat auch anderen in Verkündigung und Seelsorge geraten, es mit dem einfältigen, fröhlichen Gehorsam zu probieren, da dieser himmlische Quellen zum Fließen bringe.

Auch eine Begegnung mit Thomas Spurgeon blieb Vetter im Gedächtnis. Beeindruckend, was und wie der Sohn des berühmten Charles Spur-

72

geon, den man den Fürsten der Prediger nennt, von seinem Vater erzählte.

Zur Sternstunde wurde für Vetter jedoch der Augenblick, als er völlig ungesucht und überraschend auf einem der besten Plätze Londons ein riesiges Zelt entdeckte, das Tausenden Platz bot und ausschließlich der Verkündigung des Evangeliums diente. Er war umso ergriffener, als dieses Zelt bis in die Einzelheiten dem vor Jahren auf St. Chrischona geschauten glich. Brüder erzählten ihm, dass es in England und auch in Amerika schon seit Jahren solche Zelte gäbe; Vetter hatte bis zu diesem Zeitpunkt keine Ahnung davon gehabt. In der folgenden Nacht konnte er vor innerer Erregung kaum schlafen. Die Vision von einst reifte zu dem Entschluss, in Deutschland mit Zelten zu evangelisieren. Weil er jedoch sicher sein wollte, dass die Idee einer Deutschen Zeltmission Gottes Wille war und nicht etwa der törichte Wunsch seines Herzens, verzichtete er nach seiner Rückkehr darauf, Geld für das kühne Vorhaben zu erbitten. Er selber konnte von dem schmalen Gehalt eines Licher Predigers nichts für die Finanzierung eines Zeltes abzweigen. So musste das Geld unaufgefordert von anderen kommen. Wohl erzählte er im Zusammenhang seiner Dienste begeistert von dem, was er in England gesehen hatte, und ebenso, wie gut er sich vorstellen könne, dass man auch in Deutschland den Massen des Volkes das gute Wort Gottes in großen Zelten predigen könnte.

Vom Geld zum Erwerb und zur Ausstattung eines solchen Zeltes sprach er aber nie. »Wenn du es willst, Herr«, betete er, »so ist es dir ein Leichtes, durch wenig oder viel zu helfen und Menschenherzen zum Geben willig zu machen.« Es bewegte ihn sehr, als ihm eines Abends ein einfaches Dienstmädchen die ersten vier Mark in die Hand drückte und sagte: »Für ein Missionszelt in Deutschland!« Nüchtern betrachtet war das nicht viel; ja, es war bei Lichte besehen sogar lächerlich wenig im Vergleich zu der Summe von weit über zehntausend Mark, die man für ein Zelt würde aufbringen müssen. Aber der, der das Wunder wirkt, dass aus dem Winzling eines Samenkorns ein großer Baum wächst, der würde auch die vier Mark jenes armen Mädchens mehren können. Und in der Tat – immer mehr Gaben für das Zelt gingen ein und stiegen bald derart, dass Vetter schon im Spätjahr 1901 zusammen mit einigen technisch beschlagenen Brüdern bei einer Konstanzer Firma ein Zelt in Auftrag geben konnte. Er glaubte nicht nur kindlich und kühn, dass das Zelt bis zum Frühjahr 1902 geliefert werden würde, sondern auch, dass man es dann auf Heller und Pfennig bezahlen könnte.

So begann er, sich um Dinge zu kümmern, die zur Gründung einer Zeltmission nötig waren, damit eine so neue und ungewöhnliche Arbeit äußerlich und innerlich gelingen konnte. Dabei vernachlässigte er keineswegs die vielen Verkündigungsdienste, zu denen er nach wie vor in Hessen und weit über Hessen hinaus unterwegs war.

Am meisten lagen Vetter die Grundlagen und Ziele der künftigen Missionsarbeit am Herzen. Alles musste gründlich durchdacht, durchbetet und ausformuliert werden. Die einladenden Gemeinden sollten das Selbstverständnis der Zeltmission immer schwarz auf weiß vor Augen haben, den künftigen Mitarbeitern sollten diese Grundlagen und Ziele als verbindliche Richtlinien gelten.

Die große Verantwortung für die Findung und Formulierung solcher Richtlinien wollte Vetter allerdings nicht allein tragen. So wandte er sich nach reiflichem Überlegen an einen väterlichen Freund, den er in dem Schweizer Stockmayer fand. Der sagte rasch und gern seine Mithilfe zu und hat inhaltlich wohl das Entscheidende zu diesen Richtlinien beigetragen. Schließlich entstand ein Papier mit neun zentralen Punkten.

Jesus Christus wird darin als der Herr der Deutschen Zeltmission genannt und bekannt; die Bibel, das eine Wort Gottes, gilt als einzige Grundlage des Lebens und der Verkündigung. Ziel der Zeltmission ist die unverkürzte Predigt des Evangeliums von der Gnade Gottes in seinem Sohn Jesus Christus. Das Kreuz Jesu und das Blut, das er dort vergossen hat, ist der einzige Zugang zum Heil und zu einem erneuerten, ewigen Leben. Die wichtigste Aufgabe der Zeltmission muss immer sein, Menschen gewinnend und dringlich zu Jesus

Christus einzuladen und sie zu ermutigen, ihr Leben Jesus auszuliefern. Die Zeltmission sieht sich nicht als Repräsentantin einer bestimmten Konfession oder Denomination, sondern weiß sich mit allen verbunden, die die alleinige Erlösung durch Jesus Christus verkündigen, glauben und daraus leben. Sie gründet keine Gemeinden, sondern steht umgekehrt Gemeinden und Gemeinschaften zur Verfügung, die zur Bekehrung der Sünder ihren evangelistischen Dienst wünschen. Schließlich: Die Zeltmission versteht sich als Glaubenswerk und hat daher keine finanziellen Festeinnahmen oder Sicherheiten. Sie finanziert sich allein von dem, was Gott ihr durch Opfer und Spenden zufließen lässt.

Das Zelt war bestellt, die Richtlinien verfasst. Nun galt es, Menschen zu finden, die Gott in dieser Arbeit gebrauchen wollte. Zeltdiakone waren nötig, die nicht nur fest zupacken konnten, sondern bereit waren, in der äußeren und inneren Abhängigkeit von Gott zu leben. Eine feste Bezahlung wurde ihnen nicht zugesagt; vielmehr sollten sie vertrauen, dass der himmlische Vater die Liebe und die Macht hat, sie jederzeit mit allem zu versorgen, was sie für Zeit und Ewigkeit brauchen.

Menschlich gesehen war es unmöglich, solche Männer zu finden in einer Zeit, wo der Materialismus und der Fortschrittsglaube die Religion der Masse war. Aber Gott hatte sich bereits Leute ausersehen, die er als Werkzeuge für die kommende Zeltmission gebrauchen konnte. Als Vetter Ende 1901 zu einem längeren Einsatz im Siegerland weilte, sprach er auch von den Zeltdiakonen, ohne die die Zeltmissionsarbeit im Frühjahr nicht beginnen konnte. Da meldeten sich zu seiner Überraschung und Freude sieben Bergleute, die bereit waren, ihr Leben in diesem Dienst hinzugeben. Sechs von ihnen waren ledig; einer war verheiratet, hatte als Vorarbeiter ein gutes Auskommen und mit seiner Frau gerade ein eigenes Haus in Eiserfeld bezogen. Dessen ungeachtet verließen alle Sieben alles und wurden die ersten Diakone der Deutschen Zeltmission. Vetter hat sie sehr geliebt und ist ihnen wie ein Vater begegnet. Oft hat er ihren Dienst auch öffentlich dankend erwähnt, um ihnen seine Wertschätzung zu zeigen. Im Winterhalbjahr schickte er sie nach St. Chrischona, damit sie noch tiefer ins Wort Gottes eindringen konnten. Im Sommerhalbjahr kümmerten sie sich nicht nur um den anstrengenden Auf- und Abbau der Zelte sowie um die Tag- und um die Nachtwachen, sondern wurden auch die ersten Kindermissionare der Zeltmission und leiteten Gebetsversammlungen. Unermesslicher Segen ist von diesen treuen Leuten ausgegangen.

Diakone waren gefunden und standen bereit; aber noch fehlte ein Evangelist, der zusammen mit Vetter den Verkündigungsdienst tun würde. Für Vetter wäre es ein Albtraum gewesen, der einzige

Evangelist der Zeltmission zu sein. Vielmehr sollten bei jedem Einsatz mindestens zwei Brüder predigen, damit den Menschen nicht der Name eines Evangelisten im Gedächtnis bliebe, sondern der Name Jesu. An ihn sollten die Menschen ihr Herz verlieren.

Als sich das Jahr 1901 langsam dem Ende zuneigte, lernte Vetter bei einer Konferenz im westpreußischen Elbing Pastor Jonathan Paul kennen. Seine lebendige, originelle Art zu predigen gefiel ihm. Man spürte die Liebe zu Jesus und die Liebe zu den Menschen. Bei einem Nachmittagsspaziergang breitete Vetter seine Vision einer Zeltmission aus. Nach einer Weile unterbrach ihn Jonathan Paul: »Auch mir gab Gott ins Herz, ein Zelt zu bauen und darin zu evangelisieren.« Da fasste ihn Vetter bei den Schultern: »Mein Lieber, das Zelt ist bereits bestellt.« Am späten Abend des selben Tages willigte Paul ein, an der Seite Vetters Zeltevangelist zu werden.

Dass Jonathan Paul überhaupt noch predigen konnte und als Zeltevangelist in Frage kam, war ein Wunder Gottes. Bislang hatte er sich bei seinen Evangelisationsreisen nie geschont. Einmal musste er bei einer großen Freiluftveranstaltung in Strandnähe das Heulen des Windes und das Brausen des Meeres übertönen. Der gastgebende Pastor machte sich ernstlich Sorgen um Pauls Stimme. Der aber winkte nur ab und sagte: »Lieber will ich meine Stimme verlieren, als dass einer hier verlorengeht.« Im nachfolgenden Winter zog er sich eine derart schwere Halsentzündung zu, dass er Wochen heiser blieb. Alle dachten, es wäre das sichere Ende seiner Evangelistentätigkeit. Doch langsam kräftigte sich seine Stimme wieder und er konnte bis zu seinem Lebensende klar und deutlich reden, wenn es sein musste, sogar laut werden. Um seinen empfindlichen Hals zu schützen, ließ er sich auf ärztliches Anraten hin den für ihn so typischen Vollbart wachsen.

Vetter verband mit Jonathan Paul zeitlebens eine innige Freundschaft. Nach den anstrengenden Zeltsommern zogen sie sich regelmäßig einige Tage zurück, um miteinander alles Erlebte zu bedenken und neue Kraft für die Vorhaben des Winters zu schöpfen. Paul war ein sehr demütiger, bescheidener und selbstloser Mensch. Ein feiner Humor zeichnete ihn aus; oft hörte man ihn herzlich lachen. Besonders seine Güte und seine Fähigkeit, das Wesentliche vom Unwesentlichen zu unterscheiden, kamen der Zeltmission zugute. Bei etwas außergewöhnlichen Anfragen konnte er die Brüder mit der Frage überraschen: »Warum denn nicht?« In Kleinigkeiten war er erfrischend großzügig. Ihm wird der Ausspruch zugeschrieben: »Hauptsache, dass die Hauptsache die Hauptsache bleibt.«

Das Geld für das Zelt schien tatsächlich rechtzeitig zusammenzukommen, für das Inventar reichte es allerdings nicht. Da meldeten sich hessische Handwerkerbrüder. Viele dieser zum Teil sehr jungen Männer waren bei Vetter zum Glauben gekommen. Nun legten sie sich aus Dankbarkeit ins Zeug und zimmerten die vielen Bänke und das Pult, den Tisch für den Stenotypisten und drei große Transportwagen, die – aneinandergestellt – gleichzeitig als Bühne nutzbar waren.

So nahte der 27. April 1902 – ein Sonntag! Im Leben Jakob Vetters war es wohl einer der denkwürdigsten Tage. Zeltmission begann in Deutschland! Vetter, den Gott benutzte, sie ins Leben zu rufen, war erst 29 Jahre alt! Das große, leuchtend weiße Zelt stand auf der Anhöhe »Tersteegenruh« bei Mülheim an der Ruhr und sah prächtig aus. Ein heftiger Sturm ließ die vielen bunten Fahnen fröhlich flattern. Tausende waren zur Einweihung gekommen und erlebten ein einziges Dank- und Lobpreisfest. Unter den Gästen sah man Inspektor Rappard und zahlreiche bekannte Persönlichkeiten aus Gemeinden, Gemeinschaften und Missionswerken. In seiner Begrüßungrede sprach Vetter über die Entstehung und das Ziel der Deutschen Zeltmission. Otto Stockmayer legte in seiner Festansprache den Missionsbefehl Jesu aus. Weitere Grußworte und Ansprachen folgten, immer wieder durch Lieder unterbrochen. Schließlich wurden die Evangelisten Vetter und Paul unter Gebet und Handauflegung in den ersten Zeltsommer ausgesandt.

Die Gäste waren überwältigt von der bewegenden Einweihungsfeier und begeistert von dem Aussehen und der Zweckmäßigkeit des Zeltes. Oberstleutnant von Knobelsdorff meinte: »Bruder Vetter, ich hatte mir unter deinem Zelt so eine Art Zigeunerbude vorgestellt. Ich bin jetzt ganz angenehm überrascht. Das Zelt ist recht. Solche Arbeit fehlt uns. Gott wird dich segnen.«

Zwischen Kreuzfeuer und Halleluja

Die Deutsche Zeltmission war geboren. Sie hatte von Anfang an nicht nur Freunde; viele waren auch skeptisch oder begegneten ihr mit offener Feindschaft. Manche Kirchenleitung und nicht wenige Pfarrer vor Ort standen ihr zunächst abwartend, mitunter anhaltend kritisch oder gar ablehnend gegenüber. Die Zeitungen nahmen erstaunlich ausführlich Notiz von dem neuen Werk. Manchem Reporter spürte man ab, dass er nach einem Besuch des Zeltes und den Antworten, die Vetter und andere auf die gestellten Fragen gegeben hatten, sichtlich beeindruckt war.

Gott jedenfalls bekannte sich zu dieser Mission von Beginn an. Er segnete die neue Evangelisationsweise über Bitten und Verstehen. Tausende strömten in das Zelt. Wenn es die Witterung zuließ, wurden die Seitenplanen hochgezogen, um den bis zu 4000 Besuchern Platz zu schaffen. Menschen aller Gesellschaftsschichten kamen, Arme und Reiche, Intellektuelle und einfache Leute. Der Professor saß neben dem Schlosserlehrling, der Arzt neben dem Dienstmädchen. Hunderte von Arbeitern, die einen Zwölfstundentag hinter sich hatten, gingen direkt aus den Fabriken ins Zelt, ohne sich umzuziehen und ohne Abendbrot. Im

Zelt fanden sich Menschen ein, die zur Kirche noch Kontakt hatten, aber auch viele Kirchendistanzierte und solche, die sich mit unverhohlenem Stolz zum Atheismus bekannten. Die Leute kamen aus Neugierde oder aus echtem Interesse, mit allerlei Nöten oder auch nur, um dabei zu sein, in der Hoffnung auf Erbauung oder um zu stören. Wo immer das Zelt stand – manchmal bis zu sieben Wochen lang –, wurde es zum Stadtgespräch.

Und keinem wurde es langweilig! Vetter verfügte über eine sehr anschauliche Sprache. Biblische Geschichten und Zusammenhänge erzählte er derart spannend, dass selbst Eingeweihte meinten, sie zum ersten Mal zu hören. Die ganze Schöpfung diente ihm als Gleichnis; Beispiele aus allen Gebieten des Wissens flogen ihm zu. Häufig spielte er auf das Zeitgeschehen an oder nahm zu aktuellen Ereignissen vor Ort Bezug.

Er predigte immer frei und war dennoch gut vorbereitet. Er erarbeitete sich seine Predigten nach den vier Punkten, die er einst bei Pfarrer Heußer auf St. Chrischona gelernt hatte: Zuerst bat er um den Heiligen Geist, damit das, was er predigte, Gottes Gedanken wären, nicht die eigenen. Dann verharrte er so lange im Gebet, bis Gott durch den Text oder das Thema zu seinem Herzen zu reden begann. Darauf gelobte er, das Verstandene zu tun. Schließlich hielt er den roten Faden schriftlich fest und notierte sich entsprechende

Gliederungspunkte. Diese Vorbereitungsmethode bewirkte, dass Vetter stets weitergab, wovon er selber lebte. Was er sagte, löste keine intellektuellen Diskussionen aus, sondern Herzenskämpfe. Es ging den Leuten durch und durch!

Trotz seiner körperlichen Gebrechlichkeit predigte er laut; er konnte mit der Faust aufs Pult schlagen oder mit dem Fuß aufstampfen. Versehentlich fegte er einmal ein Wasserglas, das ihm Brüder aufs Pult gestellt hatten, in die Menge; es kam aber niemand zu Schaden.

Gelegentlich prasselte der Regen so laut auf das Zeltdach, dass es unmöglich war, ein Wort zu verstehen. Trotz der Größe des Zeltes und obwohl die Besucher nach Tausenden zählten, stand in jenen Tagen kein Mikrofon zur Verfügung. Mitunter verursachte auch Hagelschlag einen Höllenlärm. Dann schrieb Vetter einige Lieder auf ein Blatt und reichte es dem Leiter des Posaunenchors oder dem Harmoniumspieler. Ein Lied nach dem anderen folgte, bis der Regen nachließ oder der Hagelschlag aufhörte.

Vetter war Evangelist mit Leib und Seele. Er wollte die Menschen nicht unterhalten, sondern retten. Er sprach wie einer, der in der Wüste wusste, wo Wasser ist und es den Verdurstenden nicht verschweigen wollte. Er redete mit großem Ernst vom Gericht, aber mit noch größerer Freude von der Gnade. Er nannte Sünden schonungslos beim Namen, aber pries noch viel leidenschaftlicher die reinigende und bewahrende Kraft des Blutes Jesu. Er riss den offenkundigen und den heimlichen Sündern die Maske vom Gesicht und machte ihnen gleichzeitig das Herz warm für das Erbarmen Gottes. Eindringlich rief er den Einzelnen zur Bekehrung auf; mit heißem Herzen und mit werbenden Worten führte er die Menschen dem Heiland aller armen Sünder zu.

Dabei war Vetter wohltuend nüchtern und immer auf Lauterkeit bedacht. Kein psychischer Druck durfte die Menschen zur Entscheidung bringen, sondern Gottes Geist musste sie innerlich überwinden. Deshalb leitete auch die Nachversammlungen für die, die ihre Sünden bekennen und Jesus gehören wollten, nie der, der die Predigt gehalten hatte. Es sollten keine seelischen Christen geboren werden, die sich aus der Stimmung des Augenblicks oder aus Begeisterung für einen bestimmten Evangelisten zum Schein bekehren, sondern geistliche Christen, die sich für Zeit und Ewigkeit Christus an den Hals hängen. Dutzende kamen zu diesen Nachversammlungen, nicht selten waren es Hunderte, die an einem einzigen Abend das Heil und das Leben fanden.

Von Anfang an luden Vetter und seine Mitarbeiter nicht nur zu der Hauptveranstaltung am Abend ein, die natürlich der Höhepunkt des Tages war, sondern setzten am Morgen Gebetsversammlungen an. Wenn Vetter dafür verantwortlich war, leitete er diese Versammlungen mit großer Souveränität. Lange öffentliche Gebete mochte er nicht; hörte einer gar nicht auf zu beten, rief Vetter laut: »Amen, der Nächste bitte.« Keiner nahm es übel!

Nachmittags fanden Versammlungen für verschiedene Zielgruppen statt – Frauentreffen, Männerstunden oder Kinderveranstaltungen, wo man oft 1000 Besucher zählte. Auch versammelte er schon während einer laufenden Evangelisation die Neubekehrten, um sie zu ersten Glaubensschritten anzuleiten.

Völlig erschöpft suchte Vetter oft weit nach Mitternacht sein Quartier auf. Immer wieder rieten ihm besorgte Brüder zur Schonung. Aber Vetter lehnte ab. »Soll ich mich schonen als Nachfolger dessen, der sich für mich nicht geschont hat, sondern hat für mich armen Sünder sein göttliches Leben verblutet? Ich weiß wohl, drei Veranstaltungen waren es an jedem Tag der vergangenen Woche und morgen, am Sonntag, werden es fünf sein. Der Herr schenke mir die Gnade, dass es für mich allezeit eine Lust und keine Last bedeutet, so oft zu reden. Ihm sei Lob und Ehre! Ich will nicht müßig gehen, sondern die Zeit auskaufen.« Tief eingeprägt war in ihm der Satz eines englischen Erweckungspredigers: »Beeilt euch, sie gehen verloren!«

Der große und gesegnete Gottesmann Ernst Modersohn, der so manches Mal Seite an Seite mit Vetter gekämpft hat, urteilte:

»Ich habe viele Evangelisten kennengelernt, aber keinen, dessen Wort eine so durchschlagende Kraft gehabt hätte wie Jakob Vetter. Er war ein Fürst unter den Evangelisten! Was dieser Mann mit seiner kranken Lunge alles für seinen Meister gewirkt hat! Mancher andre würde an seiner Statt von einem Sanatorium zum andern gepilgert sein, immer nur auf seine Gesundheit bedacht. Ein über das andere Mal bekam er Lungenbluten. Oft war er dem Tode nah – aber immer wieder richtete ihn der Herr auf und gab ihm neue Kraft zum Dienst. Gerade weil er als einer predigte, der täglich mit einem Bein im Grab stand, darum brachen unter seinen Predigten Menschen zusammen und taten Buße, die seither törichterweise ihr Leben im Diesseits vergeudet und Schätze gesammelt hatten, die doch Rost und Motten fressen.«

Aber wo der Himmel offen ist, schlägt die Hölle Alarm. Wo Gott wirkt, ärgert sich der Teufel. Nicht selten versuchten ein Einzelner oder mehrere zusammen mit lauten Zwischenrufen oder obszönen Liedern die Versammlung zu stören. Dann sagte Vetter jedes Mal sehr still und unaufgeregt: »Wir wollen beten!« Und eigenartig, nach dem Amen waren die Störenfriede verstummt. Oft kamen sie nach der Veranstaltung als Erste zum Gespräch und offenbarten ihre großen Nöte, die hinter der Maske der Aggression verborgen lagen. Einmal betrat ein militanter Sozialist das Zelt mit der festen Absicht, Vetter umzubringen. Vetter entdeckte den Revolver in seiner Hand und fixierte ihn während der ganzen Predigt unentwegt mit den Augen. Da wurde der Möchte-Gern-Mörder innerlich windelweich und nach Schluss der Veranstaltung ein Kind Gottes.

Ein andermal stand einer mit hochrotem Kopf auf und wehrte sich, die Bibel unterm Arm, gegen die Zumutung der Bekehrung. Er sei ein unbescholtener Christ und besitze, wie man sähe, auch eine Bibel, in der er hin und wieder lese. Vetter solle ihm mit der Bekehrung vom Hals bleiben. Da rief ihm Vetter zu: »Du wirst mitsamt deiner Bibel zur Hölle fahren, wenn du nicht glaubst, dass du ein Sünder bist und deinen Heiland warten lässt.« Auch der hat Jesus nachgegeben und ist noch viele Jahre als mutiger Bekenner fröhlich seine Straße gezogen.

Manchmal reagierten Pfarrer und andere Leute mit heller Empörung, wenn Vetter so deutlich und unbeirrt zur Entscheidung rief. Er wurde hart angegriffen und öffentlich zur Rede gestellt. Da antwortete er ruhig und entwaffnend: »Wenn die Äpfel reif sind, muss man den Baum schütteln« und ging mitten durch die verblüfften Kritiker hindurch.

Von jeder der zahlreichen Zeltevangelisationen, an denen Vetter beteiligt war, gäbe es Bewegendes zu berichten. Am turbulentesten ging es in Köln zu, wo bereits wenige Wochen nach der Einweihung des Zeltes eine Evangelisation stattfand. Vetter war schon bei der Anreise sonderbar zumute; böse Ahnungen beunruhigten ihn. Es war, als ob er sich einer starken Festung näherte.

General von Viebahn eröffnete den ersten Abend, an dem das Zelt schon gut gefüllt war. Der weitbekannte Mann hinterließ mit seinem außergewöhnlichen Lebenszeugnis einen starken Eindruck. In der ersten Woche predigte Jonathan Paul. Einzelne bekehrten sich und fanden das Heil. Unter den zahlreichen Besuchern fielen einige Priester auf, die mit wachem Geist alles verfolgten, was sich im Zelt abspielte. Vor allem beobachteten sie die wachsende Zahl ihrer Gemeindeglieder, die die Abende besuchten und ganz offenbar von den Predigten ergriffen waren.

Bevor Vetter übernahm, riet ihm Paul, ja nichts gegen Maria zu sagen, was Vetter auch nicht im Sinn hatte. Als er jedoch das Thema »Jesus nimmt die Sünder an« auf den Punkt brachte, fielen folgende Sätze:

»Der Lebensquell steht dir offen! Du brauchst keinen menschlichen Mittler zum Ergreifen der Versöhnung, deines Friedens und deiner ewigen Seligkeit. Kein Konzil und keine Ordination ist nötig, damit du mit deinem Gott in Verbindung kommst. Jedem Sünder steht das Heil offen, denn Jesus nimmt die Sünder an. Jesus! Du bist berechtigt, wer du auch bist, direkt zu Jesus zu gehen. Du brauchst dazu weder Heilige noch Priester, weder

Pastoren noch Evangelisten. Zu Jesus kann ein Kind kommen.

O höre es doch: Jesus nimmt die Sünder an!

Wer waren denn die Heiligen, die jetzt seinen Thron umgeben? Sie waren allesamt Sünder, die durch das Blut des Lammes rein wurden. Petrus war ein Sünder, denn er hat den Herrn verleugnet. Paulus nennt sich selber den größten unter allen Sündern. Er war ein Lästerer und Verfolger, aber die Gnade hat ihn gefunden. Und selbst die heilige Jungfrau Maria war eine Sünderin und musste errettet werden wie andere Sünder auch. Ja, das ist wahr: Jesus nimmt die Sünder an!«

Kaum hatte Vetter diese Sätze gesprochen, schrie einer der Priester: »Katholiken raus!« Andere Priester wollten das verhindern, aber es war zu spät. Über 300 stürmten hinaus. Vetter predigte unbeirrt zu Ende. Innerlich betete er und legte den Fortgang in Gottes Hände. Die Brüder rieten ihm, nach Veranstaltungsende durch einen Seitenausgang zu verschwinden, aber Vetter lehnte empört ab. Kaum hatte er den Hauptausgang durchschritten, umringte ihn die aufgebrachte Menge und machte Anstalten, ihn zu verprügeln. »Judas! Judas!«, hallte es über den Zeltplatz. Da hörte man plötzlich das Quietschen der Bremsen einer Straßenbahn. Die Brüder stießen Vetter hinein und er fuhr wohlbehalten nach Hause. Damit war die Geschichte aber noch nicht zu Ende. Am nächsten Abend – das Zelt war überfüllt –

wiederholte sich der gleiche Vorgang. Vetter konnte im letzten Augenblick auf eine schon fahrende Straßenbahn aufspringen. Diesmal allerdings flogen Steine; fast alle Scheiben gingen zu Bruch. Verletzt wurde glücklicherweise niemand. Das Zelt und die Zeltmannschaft wurden unter Polizeischutz gestellt. Sogar Soldaten marschierten auf!

Je größer aber der Widerstand, desto mehr kamen zum Glauben. Da fassten einige junge Leute den Entschluss, am folgenden Sonntag das Zelt zu zerstören. Sie wussten noch nicht genau, wie sie es anstellen sollten; einige wollten die Verankerungen herausreißen, andere dachten daran, Feuer zu legen. Der Sonntag kam und über Köln tobte ein starker Oststurm. Der erfasste bereits am Nachmittag das Zelt und warf es um. Scharen von Engeln muss Gott zum Schutz aufgeboten haben, denn kein Mensch kam zu Schaden. In seiner Macht und Weisheit hatte Gott verhindert, dass Frevlerhand das Zelt zerstörte. Als Vetter mit den Brüdern das umgeworfene Zelt betrachtete, sahen sie zwar, dass sie darin nicht weiter evangelisieren konnten; aber der Schaden war für spätere Einsätze durchaus zu beheben. Sofort bemühte sich Jonathan Paul um einen großen Saal, in dem man die Veranstaltung noch eine Weile weiterführen konnte. Er wurde fündig und bekam auch die Bewilligung der Stadt. Unterdessen hatten etwa ein Dutzend Leute Vetter wegen Gotteslästerung angezeigt. Sie beklagten, Vetter würde ihre Kinder mit ketzerischen Lehren verführen. So wurde er vor Gericht geladen.

Da kam der mutige Zeuge in große innere Not! Lange verharrte er im Gebet, bis ihm die Zusage Jesu in den Sinn kam, die ihm einst Rappard in der Stunde der Anfechtung zugesprochen hatte: »Lass dir an meiner Gnade genügen! Meine Kraft ist in den Schwachen mächtig!«

»Deine Gnade reicht aus, Herr«, jubelte Vetter und machte sich mit der Bibel unterm Arm auf den Weg zum Gericht. Die Zeugen wurden aufgerufen und beschuldigten Vetter wütend und lautstark der schlimmsten Dinge. Aber der Richter blieb skeptisch, denn die Zeugen widersprachen sich. Dann wurde Vetter das Wort erteilt. Er schlug die Bibel auf, las den Text, über den er am fraglichen Abend gesprochen hatte, und hielt dem hohen Gericht eine zwanzigminütige Predigt über das Thema »Jesus nimmt die Sünder an«. Vetters Auftreten blieb nicht ohne Eindruck. Das Gericht zog sich zur Beratung zurück und gedachte, Vetter nach drei Wochen noch einmal vorzuladen. Als er aber erklärte, in drei Wochen würde er im Osten Deutschlands predigen und könne deshalb keinesfalls erscheinen, wurde der Prozess eingestellt und Vetter freigesprochen.

Von Köln ging es nach Velbert, wo man natürlich von den Vorkommnissen in Köln gehört hatte. Da untersagte der Bürgermeister die schon genehmigte Veranstaltung. Das hinderte Vetter nicht, sich an dessen Vorgesetzten, den Präsidenten der Provinz Düsseldorf, zu wenden, der in einem überaus freundlichen Schreiben die Erlaubnis zur Zeltevangelisation in Velbert erteilte und seinem Bürgermeister entsprechende Anweisungen gab. Beide saßen dann mehr als einmal unter den Zuhörern.

Solche Vorgänge haben sich oft wiederholt. In Berlin musste man einmal drei Wochen mit dem Aufbau des Zeltes warten. Alles schien sich gegen den Einsatz verschworen zu haben. Kirchliche und weltliche Verantwortungsträger setzten sich mit ihren Bedenken durch. Doch die Brüder wandten sich an die höchste staatliche Stelle. Schließlich wurde die Evangelisation auf Anordnung des Reichskanzlers genehmigt. Im Siegerland wollten 1903 in ähnlicher Weise kirchliche und weltliche Kräfte eine Zeltevangelisation verhindern. Verleumdungen wurden in die Welt gesetzt. In Siegener Zeitungen erschienen böse Artikel. Dennoch konnte schließlich eine überaus gesegnete Arbeit durchgeführt werden. Hunderte kamen zum Glauben! Gegen Ende der Evangelisation begann ein heftiger Dauerregen, der in Verbindung mit stürmischen Winden dafür sorgte, dass das Zelt umfiel. Die Spötter jubelten. Vetter und seine Mitarbeiter aber gingen auf die Knie. »Der Herr hat durch Wind und Wetter geredet. Wir beugen uns und beten an«, schrieb Vetter in sein Tagebuch.

Eine große Erweckung brach in Mülheim an der Ruhr aus. Damals wirkten dort die begnadeten Pastoren Girkon und Modersohn. Mit Vetter und Paul waren sie ein Herz und eine Seele. Sicher hatte bereits die erste Zeltevangelisation in Mülheim im Jahre 1903 die Erweckung vorbereitet. Den letzten Anstoß dazu aber gaben die Berichte von einer Reise Vetters nach Wales. Dort ereigneten sich seit Jahren geistliche Aufbrüche in einer Weise und in einem Umfang, wie es bislang noch nie geschehen war. Die Kirchen und Hallen konnten die Leute nicht mehr fassen. Auf offener Straße standen Menschen zusammen und sangen Loblieder, in Eisenbahnwaggons fanden spontane Gebetsrunden statt, zu Versammlungen unter freiem Himmel kamen 5000 Besucher und mehr. Seit Jahren zerstrittene Leute versöhnten sich; zerrüttete Ehen wurden heil. In Cardiff traf Vetter mit über fünfzig Pastoren aus England und Schottland, Frankreich und der Schweiz zusammen, um sich mit ihnen über die Ursachen der gewaltigen Bewegung in Wales auszutauschen. Es stellte sich heraus, dass der Erweckungsbewegung eine Bußbewegung unter den Gläubigen vorausgegangen war. Viele Gemeinden, Gemeinschaften und einzelne Christen hatten gelebt, wie alle Welt lebt, und so ihre Salz- und Lichtkraft eingebüßt. Als sie Buße taten und Jesus mit ungeteiltem Herzen folgten, setzte die Außenwirkung ein. Suchende und Gestrauchelte, Ahnungslose und Skeptiker kamen zum Glauben.

Die Eindrücke und Erfahrungen von Wales brachte Vetter nach Deutschland mit und fasste mit Pastor Girkon und Pastor Modersohn den Entschluss, in Mülheim für eine ähnliche Erweckung zu beten. Was diese bisher blockierte, schien auch hier das halbentschiedene Leben derer zu sein, die sich Christen nannten. »Halbheit ist weniger als nichts«, hatte Vetter in einer Mitarbeiterzusammenkunft gesagt. »Hunderttausend halbe Christen geben noch keinen einzigen ganzen Christen. Wer nur ein bequemes Leben sucht, wer immer nur fürchtet, er könne zu viel tun im Werk des Herrn und andere aufhält, ihre ganze Kraft für Gott einzusetzen, dem rufe ich zu: Dank ab! Bequemlichkeit hat keinen Platz in Gottes Reich. Wir stehen im Kampf; da muss Schlafen und Gähnen ein Ende haben. Tun wir zuviel, dann tun wir's Gott! Und wenn wir's für ihn tun, dann ist keine Arbeit zu schwer und kein Dienst zu gering. Und musst du die Straße kehren, dann tu's für den König. Sei an deinem Platz treu, an den dich Gott gestellt hat und fahr nicht mit dem Expresszug ans andere Ende der Welt. Es ist ein Fest, für Jesus zu leben. Da kommt Himmelsmusik ins Erdenleid. Da wird Prosa zur Poesie und das Tränental zum Vorhof des Himmels!«

In jene Zeit fällt auch ein Brief Vetters an Rappard, in dem er unter anderem schrieb: »Mein Ziel ist, ganz für Jesus zu leben. Mein Leben soll nur eine Seite haben – Christus! Ja, ich will ein ganz einseitiger und einfältiger Mensch sein, der Jesus dient, bis er kommt!«

Über Wochen kümmerten sich Girkon und Modersohn intensiv um ihre Gemeinden und Kreise, predigten ihnen eindringlich das Wort, hielten Gebetsversammlungen ab und erlebten, dass viele zur Seelsorge kamen und Lasten abluden, die sie oft Jahre mit sich herumgetragen hatten. Vergebung wurde in Anspruch genommen. Zwischenmenschliche Schuld wurde bereinigt. Dann kam das Zelt und die Frucht war diesmal gewaltig. Einem Zeitungsmann, der sich über die vielen Menschen wunderte, die ins Zelt strömten und zum Glauben kamen, antwortete Vetter auf die Frage nach dem Grund dieser Ereignisse: »Gott kann große Dinge tun, wenn ihm Menschen ganz zur Verfügung stehen.«

Äußeres und inneres Wachstum

In fast allen größeren Städten zwischen Straßburg und Danzig, Hamburg und Konstanz stand das Zelt. Bald reichte das erste Zelt nicht mehr aus. Anfang 1906 konnte in Lüdenscheid ein zweites und im gleichen Jahr in Bochum ein drittes Zelt in Dienst genommen werden. Letzteres wurde holländischen Freunden überlassen, die schon einige Zeit um eine Zeltmission in ihrem Land gebetet hatten. Sie luden Vetter zur ersten holländischen Zeltevangelisationsveranstaltung nach Appeldorn ein, wo auch Königin Wilhelmine unter den Besuchern saß. Mit herzlichen Worten sprach sie nach der Veranstaltung Vetter ihren Dank aus und war mit ihrem Gefolge fast an jedem weiteren Abend im Zelt zu sehen.

Im Verbund mit dem Bau eines Schweizer Zeltes gründete Vetter mit Schweizer Brüdern die Schweizer Zeltmission – ebenfalls noch 1906. Ein Jahr später kam schließlich ein weiteres Zelt hinzu, das in Calw im Rahmen einer großen Evangelisation seiner Bestimmung übergeben wurde.

Da es nun Zelte für den Westen, für den Süden und für den Osten gab, mussten weitere Evangelisten gefunden werden. Zunächst konnte Vetter den ein Jahr älteren Ludwig Henrichs gewinnen, einen Siegerländer, der wie Vetter in St. Chrischona seine Ausbildung absolviert hatte. Nach Diensten in Hessen-Waldeck wurde Henrichs Leiter der Freien Evangelischen Gemeinde in Lüdenscheid, wo ihn Vetter anlässlich einer Zeltevangelisation näher kennen lernte. Henrichs war von Herzen Evangelist und ein gründlicher Theologe. Er wachte in besonderer Weise über die gesunde Lehre im Werk der Zeltmission. Seine Bücher und Aufsätze fanden nicht nur in erwecklichen Kreisen Beachtung, sondern auch bei Kirchenleitungen und theologischen Fakultäten. Henrichs evangelisierte fast ausschließlich im Westzelt. Nach sieben Jahren gab er – vor allem aus gesundheitlichen Gründen – den Dienst eines Zeltevangelisten wieder auf. »Die Arbeit im Zelt stellte an Kopf und Herz, an Stimme und Lunge erhebliche Anforderungen. Es wurde zuviel!« Evangelist ist Henrichs allerdings geblieben und hat noch vielen Menschen im In- und Ausland den Weg zum Leben gewiesen. Vetter hat die Reisen seines ehemaligen Weggefährten fürbittend begleitet. In manchen bewegenden Briefen haben die beiden Männer einander weiter Anteil gegeben an Siegen und Niederlagen in ihrem Dienst.

Ein anderer in ganz Deutschland bekannter Gottesmann konnte fast gleichzeitig mit Henrichs als Zeltevangelist gewonnen werden – Fritz Binde! Von Haus aus Uhrmacher, hatte es der gescheite Binde durch jahrelanges Selbststudium zu hoher Bildung gebracht. Aber er blieb ein Suchender. Bei Dichtern und Philosophen hatte er sich umgesehen nach einer Antwort auf die Frage nach dem Sinn des Lebens und war leer ausgegangen. Jahrelang kokettierte er mit einem marxistischen Sozialismus und war in Sozialistenkreisen weit bekannt und hoch geschätzt. Jedoch trieb ihn die Last der unbeantworteten Fragen ständig weiter. Als er schon drauf und dran war, sich mit dem Christentum anzufreunden, und begonnen hatte, die Bibel zu studieren, fiel ihm ein Buch Friedrich Nietzsches in die Hände. Da las er: »Das Christentum ist nur für die Missratenen, Überreizten, Schwachen, Erschöpften, die Unglück mit dem Begriff Sünde beschmutzen. Man wird zum Christentum nicht bekehrt – man muss krank genug dazu sein.«

Diese Sätze erschreckten Binde derart, dass er die Bibel wieder beiseite legte. Spiritistische und theosophische Theorien und Praktiken stumpften ihn weiter ab und machten ihn misstrauisch gegen den Anspruch und Zuspruch Jesu. Eines Tages wurde ihm eine kleine Traktatschrift in die Hand gedrückt, in der mit schlichten Worten zu einem Leben aus der Gnade eingeladen wurde. Diese Schrift löste in Binde heftige innere Kämpfe und ein nie gekanntes Heimweh aus. Er war hin- und hergerissen. Eines Abends schlug er an einer beliebigen Stelle die Bibel auf. Sein Auge fiel auf den Satz Jesu: »Ich bin's, der mit dir redet!« Da ging dieser kluge, von Philosophen und Ideologen enttäuschte Mann auf die Knie und gab Jesus nach. Einer Empfehlung folgend fuhr er zu einem Erholungsaufenthalt in die Schweiz und lernte dort in der Rämismühle Georg Steinberger kennen. Er wurde ihm zum Lehrer, zum Seelsorger und zum väterlichen Freund. Steinberger war es auch, der der Deutschen Zeltmission Fritz Binde als Evangelist empfahl.

Wie übervoll waren die Zelte, wenn Binde sprach! Ungezählte hatten das Büchlein »Vom Sozialisten zum Christen« gelesen, in dem er Notizen über sein Leben, seine Irrwege und seine Bekehrung aufgeschrieben hat. Nach einem Zeltabend mit Fritz Binde in Barmen schrieb Vetter an einen Freund:

»Großartig, gewaltig, mit Geist und Kraft legte er Zeugnis ab. In der Versammlung war es totenstill. Alle waren gefesselt, aller Blicke gebannt und das eineinhalb Stunden lang. Gott war da, und die ehemaligen sozialistischen Freunde, die zum Streiten gekommen waren, hatten gar keine Macht. Die Beweise waren so mächtig, sie mussten schweigen. Die Nachversammlung leitete ich. Es blieben viele zurück: Kaufleute, Bankmenschen, Arbeiter, Lehrer, Handwerker, Studenten und Professoren. Erst gegen Mitternacht war Schluss der Versammlung. Jeder wartete geduldig, seine Last zu sagen und unter die Gnade zu kommen.«

Nach einer Reihe von Jahren in Deutschland übernahm Fritz Binde das Schweizer Zelt.

Die Zeltmission wurde das bekannteste Missionswerk in Deutschland und in der Schweiz.

Bald schon gab Vetter monatliche Informationen aus der Deutschen Zeltmission heraus, die in einer ständig wachsenden, nach Tausenden zählenden Auflage nicht nur in Deutschland und in der Schweiz gelesen wurden, sondern in vielen weiteren Ländern Europas, in Russland und in Amerika. Ja, selbst in Jerusalem, in Kairo und in Australien gab es Abonnenten dieser Informationen, die später den Namen »Zeltgruß« erhielten.

Manche wunderten sich, dass Vetter und seine Mitstreiter keine Mühe hatten, der Einladung von Christen ganz verschiedener Prägung zu folgen. Kirchengemeinden und Gemeinschaften holten sich das Zelt, Baptisten und Methodisten und manche andere. Immer wieder einmal wollten kritische Beobachter Vetter provozieren und fragten ihn, zu welcher Kirche oder Gemeinschaft er sich nun eigentlich bekenne. Da fasste er den Entschluss, sich im nächsten Zeltgruß kurz und bündig zu erklären:

»Ich gehöre zur Landeskirche, das ist wahr, da habe ich auch mein Arbeitsfeld. Wenn man sagt, ich sei ein Methodist, so ist dies auch wahr, denn ich halte es mit Wesley: ›Die ganze Welt ist meine Pfarrei.‹ Die aber sagen, ich sei ein Baptist, haben auch recht, denn ich bin getauft. Wenn man mich zu den freien Brüdern zählt, tut man mir nicht unrecht, denn ich kenne die Freiheit, zu der uns Christus befreit hat. Das bin ich alles, ein Christ, ein Aristokrat des Himmels, der nach religiösen

Formen, Fahnen und Uniformen sehr wenig fragt. Warum auch? Nicht Religion, sondern Gottes Reich ist die Hauptsache. Meine Aufgabe ist nicht, Religion zu lehren, sondern Christus zu predigen, viele zu retten und die Wonne und Sonne des Reiches Gottes in Erdennot und Erdendunkel hineinzutragen.«

Zeitlebens waren ihm nicht nur Menschen in herzlicher Bruderschaft, inniger Freundschaft und großer Dankbarkeit verbunden; er erntete auch reichlich Hohn und Spott, wurde verlacht, gehasst und verleumdet. Je älter er wurde, desto bereiter und stiller trug er das Kreuz. Nach einer bösen Zeitungskampagne gegen ihn schrieb er in sein Tagebuch:

»Ich will schweigen und segnen! Wieviel mehr hat der erlitten, der im Unterschied zu mir von keiner Sünde wusste.«

Vetter wollte immer besser lernen, das Ärgernis der Botschaft von der Verlorenheit der Sünder und der Retterliebe des Heilandes, das unvermeidbar war, von dem Ärger zu unterscheiden, den seine kompromisslose Art und sein feuriges Temperament anrichteten. Die Wirkung seiner Worte war manchmal anders als seine guten Absichten. Er sehnte sich danach, dass seine Gedanken, seine Worte und sein Wesen ganz unter die gnädige Herrschaft des Heiligen Geistes käme. Vetter hatte den Mut, nach jahrelangem aufopferungsvollem

Wirken vor Mitarbeitern und einer großen Gemeinde zu bekennen:

»Manche Fehler habe ich gemacht, nicht mit bösem Vorsatz, sondern aus Mangel an Licht und Liebe. Im Eifer für die Ehre des Herrn habe ich unbedachte Worte gesprochen und geschrieben. Wie viel Streiche hat mir mein impulsives Temperament gespielt! Von Herzen Dank all denen, die mich ihre Geduld, Nachsicht und Barmherzigkeit erfahren ließen. Ich bin einzig durch das ewige Erbarmen Gottes Evangelist geworden und Vorsteher der Zeltmission. Die Barmherzigkeit hat mich durchgebracht, und seine Gnade wird mich auch weiter tragen, bis der Lauf vollendet ist.«

Die Fußwaschung Jesu wurde eine seiner Lieblingsgeschichten. Vetter war nicht nur ein gewaltiger Lehrer der Heiligen Schrift, sondern auch deren demütiger Schüler. »Daran wird jedermann erkennen, dass ihr meine Jünger seid, dass ihr Liebe untereinander habt« – diese Worte Jesu gruben sich tief in sein Herz. Einem vertrauten Menschen offenbarte er:

»Es ist mir so wichtig in der letzten Zeit, dass wir Christi Gebot erfüllen, uns untereinander zu lieben. O welch heilige Lektion! Ich will lieben, lieben, lieben! Die Hauptfeinde der Liebe sind das Misstrauen und die Vorurteile. Voreilige Urteile gegeneinander. Ein Mensch, der nie das Gute bei seinen Mitmenschen sieht, sondern nur Verkehrtes und Böses, hat keine Liebe. Da fehlt die Geburt aus Gott, denn die neue Natur ist Liebe. Klagen und Verklagen ist nicht Liebe Gottes, sondern Gestank des Teufels. Ein Mensch, der über seine Mitmenschen immer nur klagt, ist ein miserabler Tropf, tot in Sünden und ohne Heil. Das ist ernst, deshalb will ich lieben, lieben, lieben. Viel lieben bringt Glück; zu wenig, eigenes und ewiges Unglück. O wie ist mir das wichtig!«

Auch der Grundsatz, den er vor Jahren auf St. Chrischona bei Thomas von Kempen gelesen hatte, ging ihm zeitlebens nicht aus dem Sinn: »Alle Menschen lieben um Jesu willen, Jesus aber um seiner selbst willen.« Auf dem Weg zu diesem Ziel wollte er vorankommen.

»O dass der Herr mir eine verzehrende Liebe zu allen Menschen schenken möchte«, schrieb er in einem Brief, »denn wenn man die, welche man sieht, nicht liebt, wie soll man Gott lieben, den man nicht sieht! Wo die Nächstenliebe fehlt, da fehlt Gottesliebe.«

Denkmal der Barmherzigkeit

Schon nach dem ersten Zeltsommer erkannte Vetter, dass die Deutsche Zeltmission einen zentralen Ort braucht, wo sie zu Hause ist. Für das Lagern des Zeltmaterials in den Wintermonaten musste unbedingt ein Zeltschuppen her. Auch die Zeltfamilie wuchs; die Diakone und Evangelisten benötigten dringend eine gemeinsame Bleibe. Vetter selbst wohnte immer noch in den zwei kleinen Zimmern des Licher Vereinshauses und musste zu allen Diensten von dort anreisen. Außerdem begegneten die Zeltmissionare ungezählten Menschen, die vor Ort wenig oder gar keine Vertiefung ihres Glaubens erfuhren und zahllose andere, die der Hilfe und Erholung bedurften für Leib und Seele. Das Wort Urlaub war Anfang des 20. Jahrhunderts bei Arbeitern und Angestellten weithin ebenso unbekannt wie bei Handwerkern und anderen. Nur ein winziger Bruchteil der Bevölkerung pflegte zur Erholung zu verreisen oder zur Wiederherstellung der Gesundheit Sanatorien im In- und Ausland aufzusuchen.

So fing Vetter an, um ein geeignetes Grundstück zu beten. Freunde wussten von dem Vorhaben und hielten die Augen offen. Eines Tages kam von dem Zimmermann Eduard Bender aus Clafeld im Siegerland ein erster ernst zu nehmender Hinweis. Er hatte von einem Grundstück am Rande der

Großstadt Siegen gehört, das zum Verkauf kommen sollte. Als Vetter das Anwesen sah, war er alles andere als begeistert. In Briefen sprach er von Wildnis und Sumpfland, was der Wirklichkeit wohl auch sehr nahe kam. Wie sollte dort die Heimat der Deutschen Zeltmission entstehen? Zudem hatte das Anwesen 45 Eigentümer, die in einer Genossenschaft zusammengefasst waren. Wie konnte man mit so vielen Verkäufern handelseinig werden? Doch Vetter wollte das Kaufgesuch nicht von seinem ersten Eindruck und schon gar nicht von seinen Gefühlen abhängig machen, sondern breitete die ganze Angelegenheit vor Gott aus.

Im Frühjahr 1903 musste die Entscheidung fallen. Treue Freunde hatten die 2000 Mark zusammengetragen, die das Grundstück kosten sollte; noch aber hatte kein Eigentümer zugesagt. Da entschloss sich Vetter in einem Kraftakt ohnegleichen, alle 45 Verkäufer persönlich aufzusuchen. Einige waren von Vetter und seinem Vorhaben so beeindruckt, dass sie ihren Grundstücksanteil schenkten. Auch alle anderen stimmten zu. Am 12. Juni 1903 konnte der Kauf getätigt werden.

Nun galt es, das Gelände zu bearbeiten, Straßen und Wege zu bauen, vor allem Menschen zu finden, die ihre Zeit zur Verfügung stellen oder mit ihren Gaben die Bauten finanzieren würden. Es kommt einem Wunder gleich, dass bereits im Herbst 1904 das neue Zuhause der Deutschen Zeltmission seiner Bestimmung übergeben werden konnte. In den Wochen und Monaten davor galt es fast täglich, Schwierigkeiten zu bewältigen. Oft waren die vielen Helfer äußerlich und innerlich mit ihrer Kraft am Ende. Hin und wieder ging das Baumaterial aus oder Unwetter machten ein Weiterarbeiten unmöglich. Aber so viele Widerwärtigkeiten kamen, so viele wunderbare Durchhilfen wurden erlebt. Alle, die in den vergangenen Monaten mitgeholfen hatten, waren zwar körperlich müde, aber im Glauben gewachsen.

Vetter hatte das Spendenbuch geführt; 30 000 Mark waren zusammengekommen. Hinter jede einzelne Spende vermerkte er das Datum des Eingangs und fügte aus Dankbarkeit jeweils ein Gotteswort hinzu.

Ein großes Haupthaus war entstanden, ein Zeltschuppen, eine Gärtnerei. Nach und nach kamen eine Werkstatt und ein Stall dazu, die Pilgerhütte, das Berghaus und das Haus Saron. Auf einer Orientreise hatte Vetter mit seinem damaligen Begleiter die Idee, auf das Anwesen noch eine Kapelle zu bauen als einen besonderen Ort der Stille, der Seelsorge und des Hörens auf Gottes Wort. In Petersburg stand Vetter ein Jahr später in einem Traum das Aussehen der künftigen Kapelle genau vor Augen. So wurde sie dann auch gestaltet und ist eine Stätte des Segens geworden.

Den Einweihungstag am 2. Oktober 1904 erlebten viele mit. Inspektor Rappard, der mit seiner Frau eigens aus der Schweiz angereist war, hielt die

Festrede. Vetter legte in seiner Ansprache den wohl 3000 Gästen den Zweck des Anwesens dar, das den bedeutungsvollen Namen Patmos erhielt. Auf der kargen, felsigen Insel Patmos hatte Gott einst Johannes letzte Geheimnisse offenbart. So sollte den Menschen, die hier in Patmos einkehren würden, Gott begegnen und ihnen sein Wesen und seine Absichten aufschließen. Blieb bei den Evangelisationen draußen im Land nur Zeit, die Grundwahrheiten biblischen Glaubens zum Leuchten zu bringen, so sollten Menschen in Patmos tiefer eindringen in die Geschichte Gottes mit den Menschen und seinen Willen für ihr persönliches Leben klarer erkennen.

Patmos sollte darüber hinaus eine Wohn- und Erholungsstätte für erschöpfte Reichgottesarbeiter sein, damit sie mit neuer Freude und Kraft als Menschenfischer hinausziehen könnten. Schließlich sollten Kranke des Leibes und der Seele Heilung und Heil erfahren.

Die erste Hausmutter in Patmos war Christine Meyer. Sie wurde am Einweihungstag zusammen mit Conrad Bollinger, dem ersten Hausvater, eingeführt und gesegnet. Die Verbindung Vetters mit Bollinger reichte weit zurück. Die beiden hatten sich bereits auf St. Chrischona kennen- und liebengelernt. Der gebürtige Schweizer war wenige Monate jünger als Vetter, der eine ergreifende 200-seitige Biografie über Bollinger geschrieben hat. Bollinger hat das noch junge Werk der Deutschen

Zeltmission entscheidend mitgeprägt. Es lohnt sich, einen kurzen Blick in sein außergewöhnliches Leben und Wirken zu werfen.

Bollinger war als Kind frommer Eltern mit zehn Geschwistern aufgewachsen. Noch bevor er in die Schule kam, kränkelte er. Durch kuriose Umstände landete er mit 16 Jahren in Amerika. Dort hat er sich auf alle mögliche Art und Weise mehr schlecht als recht durchgeschlagen. Er versuchte sich als Apothekenhelfer und als Anstreicher, als Metzgerlehrling und als Buchhalter, als Verkäufer in einem Kolonialwarengeschäft und als Hausierer. Schließlich landete er ziemlich heruntergekommen in Chicago, wo er die Moody-Kirche kennenlernte. Er hörte dort Leute wie Stoecker und Torrey predigen und kam zum Glauben. Inzwischen hatte er die amerikanische Staatsbürgerschaft erworben und war gerade dabei, sich eine Existenz aufzubauen, als ihn der Vater 1896 bat, nach Hause zu kommen.

Nur kurze Zeit später begann er die Ausbildung zum Pilgermissionar in St. Chrischona. Von dort wurde er als Evangelist nach Gießen entsandt und erlebte in seinem Dienst viel Frucht, aber auch heftigen Widerstand. Schon bald quälte ihn ein schweres Magenleiden. Er konnte kaum noch essen und magerte zum Skelett ab. Die Leute erschraken, wenn sie ihn sahen. Da griff Inspektor Rappard ein und verordnete ihm ein Jahr Erholungspause. In dieser Zeit offenbarte ihm Vetter, dass er auf der Suche nach einem geeigneten Hausvater für Patmos wäre. Bollinger willigte ein. Todkrank trat er seinen Dienst an. Dennoch war es besonders Bollinger zu verdanken, dass Patmos bald ein begehrter Erholungsort und eine Stätte großen Segens wurde.

Bollinger war ein Beter! Jeden einzelnen Gast legte er Gott ans Herz. Manchmal stand er zweimal in der Nacht auf, um für die Belange von Patmos und für die ihm anvertrauten Menschen zu beten. Seine Leidenschaft war, zu dienen. Mit Vetter hatte er vereinbart, dass ihm kein Gehalt gezahlt werden dürfe, was die beiden Männer aber für sich behielten. Ein Ausspruch ist von Bollinger überkommen, der seinen aufopferungsvollen Dienst in Patmos treffend zur Geltung bringt: »Jedem Gast auf Patmos so viel als möglich ein ganzer Dienst.«

Seine täglichen Andachten waren äußerst originell und sehr praktisch. Jeden einzelnen Gast suchte er auf seinem Zimmer auf, oft mehrmals während eines Aufenthaltes, hörte geduldig zu, betete und segnete. Wollte ihn jemand wegen seiner ständigen Schmerzen und großen körperlichen Schwachheit bedauern, pflegte er zu sagen: »Durch Gottes Geist wird alles zum Brot, auch Trübsal und Leid. Das alles macht uns thronfähig.«

Freunde bezahlten ihm manche Reise. Mit Vetter fuhr er einmal in den Orient. Neben Patmos gehörte seine ganze Liebe dem Karmel. Dort gab es eine große deutsche Kolonie. Bollinger hatte die Vision, vom Karmel aus Juden und Moslems das Evangelium zu bringen, und wurde zum Mitbegründer der Karmelmission.

Im siebten Jahr seines Wirkens als Hausvater in Patmos kam zu seinem Magenleiden Lungenbluten hinzu. Er wurde zusehends schwächer. Sein letzter Wunsch war, noch einmal den Karmel zu sehen. Die Hausmutter begleitete ihn auf dieser Reise. Kaum waren sie im Gästehaus der Karmelmission angekommen, brach Bollinger zusammen. Am 30. November 1910 ist er mit den Worten heimgegangen: »Der König kann kommen.« Bollinger wurde 37 Jahre alt.

Vetter war längst von Lich nach Patmos umgezogen. Kam er zwischen seinen vielen, oft mehrwöchigen Diensten einmal für ein paar Tage nach Hause, war die Freude groß. Dann hielt er die Andachten und erzählte der Hausgemeinde und den Gästen an den Abenden so spannend von seinen Erlebnissen und Begegnungen, dass sie jedes Mal traurig waren, wenn er sie mit einem »Morgen mehr« entließ.

Oft fehlte in Patmos das Geld für das Nötigste. Fast immer waren alle Betten belegt, aber nicht alle Gäste konnten ihren Aufenthalt bezahlen. Kamen die Mitarbeiter zu Vetter und klagten ihm die Not, rief er ihnen lachend zu: »Ihr müsst euch halt durchglauben!« Und wenn es ganz schlimm stand, tröstete er sie: »Solange Gott zu uns steht, gibt es für uns keine Unmöglichkeiten.«

Immer wieder kam die Hilfe gerade noch rechtzeitig. Im Patmosalltag wurden von Mitarbeitern und Gästen Wunder um Wunder erlebt. Schon in den Wochen vor der Einweihung fuhren Wagen voller Möbel und Wäsche vor. Und noch nach Jahren trafen von überall her Gaben ein, vor allem für den täglichen Bedarf. Aus Dörfern, in denen Mitarbeiter der Zeltmission gewirkt hatten, kamen – in aller Regel unangemeldet und besonders dann, wenn die Not am größten war – Kartoffeln und Gemüse, Obst und Honig. Einmal schickten Schweizer Bauern, die Vetter bei einer Evangelisation kennengelernt hatten, große Mengen Käse. Von dort kamen zur Einweihung des Stalls auch zwei Kühe und ein Pferd.

Knapp acht Jahre nach der Gründung von Patmos sagte Vetter im Rückblick:

»Hat uns Gott nicht in besonderer Weise seine Liebe in Patmos erkennen lassen? Vor wenigen Jahren war dieser Flecken, auf dem jetzt fünf Häuser stehen, noch eine sumpfige Wüste. Seht, was Gott getan hat! Er gab uns die Mittel zum Bau der Häuser und schenkte uns durch die Kultivierung des Landes gesegnete Gartenanlagen. Was ist alles in den letzten Jahren in diesen Häusern geschehen! Wie viel Kranke, Schwache, Elende fanden Heilung! Schwermütigen und in Finsternis Wandelnden ging das Licht auf. Gebundene wurden gelöst, müde Reichgottesarbeiter erquickt und der Name unseres Herrn gepriesen und angebetet. Patmos wird, solange es stehen darf, ein Denkmal der Barmherzigkeit sein, an dem jedermann erkennen kann die Liebe, die Gott zu uns hat.«

Zur Entlastung Vetters wurde ein Komitee gegründet und der Tuninger Carl Schaible zum Geschäftsführer bestellt. Er war vor Jahren bei Vetter zum Glauben gekommen und 1904 zum ersten Mal als Diakon bei den Zeltevangelisationen dabei. Vetter hat von ihm gesagt: »Ich bin keinem begegnet, der so von der Liebe Christi geprägt war, wie Schaible.«

25 Jahre hatte Schaible den Dienst eines Geschäftsführers inne und zeichnete auch für die neu entstandene Bücherstube verantwortlich. Auf seinem Schreibtisch stand in einem schlichten Rahmen das Wort:

> »In meines Königs Dienst
> gilt nur ein ganzer Mann,
> der um des Königs Sache
> die eigne opfern kann.«

Bei einem Besuch in der Heimat wurde er 1930 von einem Zug überfahren.

Maria Vetter, geb. Baumann, Töchterchen Maria, Jakob Vetter

Eine glückliche Ehe und mehr

Am 28. September 1906 heiratete Vetter die sechs Jahre ältere Lehrerin Maria Baumann aus Riehen bei Basel. Zu diesem Zeitpunkt kannten sich die beiden schon über zehn Jahre. Als Vetter in St. Chrischona studierte, kam er oft in ihr Elternhaus. Vater Baumann, der ein begnadeter Lehrer und ein gesegneter Pionier des Reiches Gottes war, schloss den jungen Mann ins Herz. Auch die Mutter und die Töchter freuten sich über jeden seiner Besuche. Im Blick auf die Heilige Schrift verstand sich der junge Vetter als Schüler Baumanns. Er verhalf ihm zu einem tieferen Verständnis der Heiligen Schrift und deckte ihm viele verborgene Zusammenhänge auf. Auch nach Abschluss seines Studiums riss die Verbindung nie ab. Ein reger Briefwechsel ging hin und her. Wann immer Vetter in die Schweiz kam, machte er bei den Baumanns in Riehen Station.

Es muss in der Zeit des ersten Zeltsommers gewesen sein, als Vetter ernsthaft anfing, um eine Frau nach Gottes Herzen zu beten. Dabei kreisten seine Gedanken mehr und mehr um Maria Baumann. Anfang Oktober brachte Inspektor Rappard Maria zur Einweihung nach Patmos mit, wo sie als einer der ersten Gäste ihre zweiwöchigen Herbstferien verbrachte. Es ist nicht auszuschließen, dass Vetter diesen Aufenthalt arrangiert hat. Er war sich längst im Klaren, dass ihm Maria als Frau zugedacht war, und wollte beobachten, ob ihr das Leben und der Dienst in Patmos gefallen. Schon zwei Tage nach der Einweihung bestellte er sie auf sein Zimmer und offenbarte ihr seine Liebe. Sie muss wohl sehr überrascht gewesen sein und bat um Bedenkzeit. Drückend fühlte sie die Verantwortung für ihre Familie zu Hause. Die Eltern und die Geschwister waren wohl davon ausgegangen, daß die inzwischen 38-Jährige ledig bleiben würde. Auch in der Schule schien Maria unentbehrlich und die Lücke, die sie in der christlichen Gemeinde hinterlassen würde, konnte schon gar nicht geschlossen werden. Sie hatte ein weites Herz für Menschen in Not, die sie in großer Treue besuchte und auf vielfältige Weise umsorgte. Regelmäßig kam sie mit ihren Schülern zum Kurrendesingen in die Häuser der Alten und Kranken. So war sie in ganz Riehen wertgeschätzt. Was sollte aus all den Menschen werden, denen sie auf diese oder jene Weise diente?

Nach ihrer Rückkehr schrieb sie in ihr Tagebuch: »Am 4. Oktober rief mich Bruder Vetter auf seine Stube. Das Sprechen wurde ihm schwer. Er bot mir seine Hand an. Er liebt mich. War das ein Werben! Und wie sieht es in mir aus? Ich weiß nur das eine, dass ich ihn auch liebe und dass mich seine Liebe glücklich macht. Aber Jesus muss mir Klarheit geben über meinen Weg. Was mache ich mit all den Versprechungen, die ich gegeben habe?

116

Ich hätte dran denken sollen, dass mein Herz vielleicht einmal mit Liebe rechnen muss. So will ich still werden vor dem Herrn. Er hat mein Leben bisher geordnet. Er wird mir antworten, wird mir sagen, was ich tun soll. Muss ich mein Glück zurückgeben, wohlan, es geschehe!«

Monat um Monat verging und Vetter wartete noch immer auf Marias Entscheidung. Er wollte sie nicht drängen, schon gar nicht überreden, aber die Spannung konnte er auch nicht länger aushalten. Endlich kam ein Brief aus Riehen mit der ersehnten Antwort.

Wohl wissend, dass für sie und viele in Riehen bald ein schmerzlicher Abschied käme und auch, dass sie einem kranken Mann, der dennoch 300 Tage im Jahr unterwegs war, das Jawort geben würde, sagte sie zu. Im Februar 1906 feierten sie Verlobung. Fast alle, die Vetter auf diese oder jene Weise zugeordnet waren, hatten keine Ahnung, dass Vetter auf Brautschau gewesen war. Inspektor Rappard schrieb:

»Deine Verlobung mit unserer lieben Freundin, Fräulein Maria Baumann, hat mich überrascht – und doch nicht überrascht. Überrascht darin, dass ich nicht wusste, dass Du ernstlich ans Heiraten denkst. Ich hatte gedacht, Du werdest es vielleicht einem Paulus nachmachen. Nicht überrascht, weil ich mir denken konnte, dass Du einer Gehilfin bedarfst, die Dich pflegt und, soweit es geht, Dir ein Heim bereitet. Du hast eine Wahl getroffen, die mich freut. Du bekommst eine gute, erfahrene, treue, fromme, zuverlässige und einsichtsvolle Gehilfin. Riehen verliert viel! Jedermann fragt sich: Wie wird es gehen ohne Fräulein Maria Baumann? Nun, der Herr wird sorgen. Er segne diese Verbindung und gebe Dir dadurch viel innere und äußere Hilfe und Trost!«

Vetter war sehr glücklich. Immer wieder betrachtete er verstohlen den Ring an seiner linken Hand. Schon jetzt war ihm bei seinen Diensten, als wäre Maria an seiner Seite. Vorfreude erfüllte ihn. In seinem ersten Brief nach der Verlobung schrieb er:

»Meine sehr teure Maria, Jesus sei Dein und mein Lobgesang! O wie hat er alles so wohl und gut gemacht. Es dünkt mich manchmal, als sei alles ein Traum, doch der goldene Ring sagt mir etwas anderes. Es ist Wahrheit, dass wir uns gefunden, nach so vielen Zweifeln, Befürchtungen, Ängsten und Rätseln. Eigentlich solltest Du mich nicht mehr Jakob nennen, denn ich habe Dich nicht überlistet!«

Maria antwortete wenige Tage später:

»Mein sehr lieber Jakob, nimm Dank, dass Du Dir Zeit zum Schreiben nahmst. Mein Herz sagt mir, dass unsere Ehe einmal schöner sein wird als alle Zeit zuvor. Wir wollen beide vom ersten Tag an lernen, einander zu tragen mit viel Liebe, denn Du und ich haben Fehler, ich wohl mehr als Du. Sei nicht hart gegen mich, sage mir aber alles, was anders werden muss, was Dir an mir nicht gefällt. Und wenn Du, meine Liebe, in der ersten Zeit eher Mühe mit mir hast, denke daran, dass es von Tag zu Tag besser wird. Vielleicht lernst Du, dass ein Mann nicht immer durchkommt mit lauter Bestimmen, und ich lerne etwas anderes. Ich küsse Dich und habe Dich sehr lieb. Bald bin ich ganz Dein!«

Dutzende von Briefen gingen allein in den wenigen Monaten zwischen Verlobung und Hochzeit hin und her. Briefe, die offenbaren, wie sie in ihrer Ehe leben wollten. Wenige Auszüge aus Briefen, die Jakob Vetter seiner Braut schrieb, sollen es bezeugen:

»Wir wollen es halten, wie wir uns gelobt haben. Du erziehst mich für Gott und seinen heiligen Dienst und ich will es bei Dir tun. Sage mir immer schonungslos die Wahrheit. Was wir reden, soll von Gottes Geist getragen sein. Nie beleidigt sein, nie Ehre suchen, viel im Gebet, viel im Wort, viel in der Liebe sein. Wir zeigen unserer Umwelt entweder Christus oder Satan. Wie heilig ist unser Stand!«

»Sorge, dass ich ganz für den großen Meister lebe! Tadle alle meine Fehler, ermahne und lass es weder an Warnung noch an Trost fehlen. Denke daran, dass ich ein Mensch bin, der Gottes Willen ganz tun möchte! Wenn ich niedergeschlagen bin, richte mich auf; wenn ich mit Arbeit überhäuft bin, unterstütze mich, und wenn Not und Sorgen mich beschweren wollen, dann hilf mir, dass mir der Lobgesang nicht ausgeht!«

»Wir wollen eine gottgeweihte Familie werden. Gottgeweihte Familien sind Oasen in der Wüste, die Offenbarungsstätte des Himmels, die Herberge der Engel, der Neid der Hölle und das Paradies der Einzelnen in der Familie. Ich erflehe uns von Gott ein solches Eheleben, wo nie Trauer über Trübsal und Not, nie harte Worte über Missverständnisse zu finden sind, vielmehr Gottvertrauen statt Sorge, Liebe, Demut, Stille und Selbstlosigkeit. ›Nichts für mich, alles für den Herrrn‹ soll an unserer Stubentür, ›Heilig dem Herrn‹ in unseren Gemächern und ›Liebe‹ in unseren Herzen zu lesen sein!«

»Könntest Du nur fünf Minuten meine Freude fühlen, die mein Herz bewegt für das Werk Gottes. In mir brennt ein Feuer, das mich fast verzehrt. Unser armes Leben soll einzig, völlig und allein Gott gehören. Wir wollen als die Armen, die aber viele reich machen, hier unten leben. Die Niedrigkeit soll unsere Freundin, die Demut unsere Begleitung, der Eifer für Gott unsere Leidenschaft und Jesus und seine Gnade unser Schirm, Schild und Lohn sein!«

Kaum konnten sie den Tag ihrer Hochzeit erwarten. Die Sonne ließ das herbstbunte Laub der Bäume aufleuchten, das Zelt war im Patmosgelände aufgeschlagen. Hausgemeinde, Patmosgäste und Freunde erlebten am 28. September 1906 ei-

120

nen einzigen Freudentag. Inspektor Rappard hielt die Trauansprache über das Pauluswort aus dem Brief an die Philipper:

»Freuet euch in dem Herrn allewege, und abermals sage ich euch: Freuet euch! Der Herr ist nahe!«

Vor allem das Sätzlein »Der Herr ist nahe« predigte er ihnen ins Herz als den einen guten Grund, sowohl in hellen als auch in dunklen Tagen Freude zu haben.

Pastor Girkon war aus Mülheim gekommen und segnete die beiden. Das Zinzendorf'sche Gebetslied »Jesu, geh voran« hatte sich das Paar als Traulied erbeten.

Während die Hochzeitsgesellschaft noch bei Kaffee, Tee und Kuchen saß, bat Vetter die Verantwortlichen der Zeltmission zu einer Komiteesitzung. Wichtige Dinge waren zu entscheiden; jetzt hatte er sie alle zusammen. Als er nach zwei Stunden aus der Tür des Sitzungszimmers kam, nahm ihn Inspektor Rappard beiseite und redete ihm ins Gewissen. Vetter war sehr betroffen; er hatte sich gar nicht bewusst gemacht, dass er eigentlich bei seiner Braut und bei den Hochzeitsgästen hätte bleiben müssen. Raschen Schrittes eilte er zu ihr und bat um Verzeihung. Sie trug es ihm nicht nach. Lächelnd sagte sie: »Hast du mir nicht schon lange vor unserer Hochzeit geschrieben: ›Erst kommt Gott, dann der Dienst für Gott und dann die Familie‹? Nun, so lass uns getrost nach diesem Marschplan leben!«

Die Loslösung von Riehen fiel Maria dennoch schwer. In der ersten Zeit weinte sie manche heimliche Träne, versuchte aber zu überwinden und ihren Mann nicht damit zu belasten. Vor allem – sie wollte hier und jetzt an der Seite ihres Mannes ganz für Jesus leben. Überall packte sie zu – im Garten und in der Küche, in der Wäscherei und im Stall. Unter den Gästen gab es reichlich müde, kranke und vielfach erschöpfte Leute. Ihnen galt ihre ganze Liebe. Sie konnte zuhören und trösten. Es war wie ein Aufblühen des Hingabelebens, das sie schon unter den Schwachen und Angefochtenen in Riehen begonnen hatte.

Die Tage waren lang. Im Morgengrauen stand sie auf und löschte oft erst spätabends das Licht. Mit Frau Weiß verband sie eine enge Freundschaft. Das war jene mutige Frau aus Eiserfeld, die zu Beginn der Zeltmission mit ihrem Mann Haus und Beruf verlassen hatte, um als Diakonenehepaar Gott zu dienen. Mit ihr war sie eines Geistes; sie verbrachten manche gemeinsame Stunde.

Die erste Vetter-Wohnung in der Pilgerhütte war klein und immer kalt. Maria plagten bald Gliederschmerzen, die sie bis ins hohe Alter begleiteten. Später zogen sie ins Berghaus um, wo es geräumiger und vor allem wärmer war. Ihrem Mann half sie bei der umfangreichen Korrespondenz und übernahm nach und nach auch die Verdankschreiben an die Geber von Geld und Naturalien.

Für eine Hochzeitsreise blieb zunächst keine Zeit. Aber Vetter lagen zahlreiche Einladungen zu Evangelisationen und anderen Diensten aus Russland vor. Überall im großen russischen Reich gab es Brüder, die von Vetter gehört hatten und ihn persönlich kennen lernen wollten. So fasste er den Entschluss, im Winter 1906 auf 1907 nach Russland zu reisen. Mit einem verschmitzten Lächeln machte er Maria die Fahrt als Hochzeitsreise schmackhaft. Zwar entgegnete sie noch, eine Reise in die Schweiz wäre ihr lieber als eine nach Sibirien, innerlich aber hatte sie längst eingewilligt.

Die langen Wochen der Russlandreise wurden für beide zu einem unvergesslichen Erlebnis. Zunächst gab es noch Zwischenaufenthalte in Thüringen und Sachsen. In Dresden feierten sie ihr erstes gemeinsames Weihnachtsfest. Dort stieß auch die russische Dolmetscherin zu ihnen, die sie bis weit in den Osten des russischen Reiches begleitete. Hinreißende Landschaften begeisterten sie, unglaubliche Führungsgeschichten lernten sie kennen. Sie fuhren mit einem uralten Schlitten bei Schnee und Eiseskälte durch die russische Steppe und verbrachten eine Nacht mit Ängsten und Gebeten in einem Abteil der transsibirischen Eisenbahn, in das kurz nach Mitternacht ein finster blickender, schwer bewaffneter Fahrgast zugestiegen war. Er schien ständig auf dem Sprung, sie umzubringen und sie ihrer wenigen Habseligkeiten zu berauben. In dem Schiff, mit dem sie über das sturmgepeitschte Schwarze Meer fuhren und mit allen anderen Passagieren seekrank wurden, fand man eine Bombe. Die ganze Reise blieb spannend und aufregend.

Sie erlebten innige Gebetsversammlungen mit einem Dutzend Glaubensgeschwistern, die sich in der kleinen Wohnstube einer niedrigen Hütte drängten, aber auch tagelange Evangelisationen, wo Vetter vor vielen hundert Menschen sprechen konnte. In Moskau und Petersburg predigte er Russen und Deutschen zum Teil in großen Kirchen und stand immer wieder unter dem Eindruck des harten Kontrastes zwischen der reichen Ausstattung der herrlichen Gotteshäuser und der geistlichen Armut derer, die sich darin versammelten. Auf dieser abenteuerlichen, viele tausend Kilometer langen Evangelisations- und Hochzeitsreise sind Jakob und Maria Vetter noch enger zusammengewachsen, konnten sich üben, Höhen und Schwierigkeiten miteinander zu teilen, und lernten vor allem, noch anhaltender miteinander zu beten. Ihr Leben lang erinnerten sie sich dankbar an das Geschenk dieser gemeinsamen Zeit im ersten Jahr ihrer Ehe.

Nicht wenige fürchteten, die Ehe der Vetters könne weder glücklich noch von langer Dauer sein. Vetter war oft wochenlang unterwegs. Musste Maria da nicht nach und nach verbittern? »Freu Dich, diesmal bin ich nur zwei Wochen weg und darf dann drei Tage bei Dir in Patmos sein«, schrieb er einmal. Und sie antwortete postwendend: »Wie freue ich mich auf Dich, mein lieber Jakob, würdest Du nur nicht jedes Mal auch noch ein Buch schreiben, wenn Du für ein paar Tage nach Hause kommst. Die Briefe, Andachten und Gespräche wären doch Arbeit genug. Aber wie Dich der Herr führt!« Sein nächster Brief beginnt mit den Worten: »Meine einzige Maria, Du hast einen Evangelisten genommen – nun hast Du die Geschichte!«

Wider allen Augenschein und wider alles ängstliche Erwarten aber wurde Vetters Ehe die Geschichte einer großen Liebe. Hunderte von Briefen sind erhalten geblieben, die davon Zeugnis geben. Sie schrieben sich zwei bis drei Mal in der Woche, eins wartete stets sehnsüchtig auf die Post des andern. Die Briefe, die sich Jakob und Maria geschrieben haben, verraten sowohl, wie herzlich und zärtlich sie sich geliebt haben, als auch, wie eindeutig Jesus der Dreh- und Angelpunkt ihrer Ehe war und wie sehr seine Retterliebe in beiden brannte. Oft setzte sich Vetter noch spätabends hin und schrieb seiner Frau seitenlange Briefe. Aus einem solchen stammt dieser kurze Ausschnitt:

»Meine geliebte, teure Maria, nach vollbrachtem Tagewerk möchte ich mich noch ein wenig mit Dir unterhalten – nur ein wenig. Verwirf meine Nachtarbeit nicht, aber am Tage bleibt keine Zeit. Ich habe das Bedürfnis, noch ein wenig mit

Dir allein zu sein, Dich lieb zu grüßen und Dir von dem, was ich erfahren habe, mitzuteilen. Die Versammlungen segnete der Herr mit Gnade!

Nun kann ich nicht mehr. Gute Nacht! Noch ein Kuss auf Deine Lippen. Ich hab Dich herzlich lieb. Schlaf sanft und selig in Jesu Armen. Bete, singe und juble!

Good morning, meine Liebe. Der Herr hat mir tiefen, erquickenden Schlaf geschenkt. Draußen singen die Vögel. Auch ich will den großen Heiland loben. Jetzt muss der Brief zur Post. Ich grüße Dich und drücke Dich fest an mein Herz!«

Ein andermal wiederum reichte die Zeit nicht für einen ausführlichen Brief, weil Tausende ins Zelt, Hunderte in die Nachversammlungen und Dutzende zum Gespräch kamen. Dann schrieb er ihr nur wenige Sätze, kurz wie ein Telegramm und dennoch inhaltsschwer und voller Liebe. Eine Kostprobe:

»Meine Teure, alles gut! Versammlungen herrlich! Viel Volk! Gnade! Ich wohl! Ein wenig müde, aber voller Freude! Für alles aber sei Gott Dank, Amen! Ich liebe Dich! Jakob!«

Viele seiner Briefe waren mit Witz und Humor gewürzt. Köstlich, wie er einmal von einem erbärmlichen Quartier erzählte, mit unverhohlener Heiterkeit, ohne einen Anflug von Selbstmitleid:

»Noch nie war ich auf der Jagd gewesen. Aber heute – die ganze Nacht. Auf Wanzenjagd, Du hättest dabei sein sollen. In jedem Winkel, in jeder

Falte saßen sie. Aber der Teufel soll sich nicht freuen. Ich klage nicht. Inmitten der Wanzen will ich mein ›Soli Deo Gloria‹ singen!«

Doch Vetter verschwieg, was ihn belastete, ebenso wenig! Er schrieb von großer Müdigkeit und von seiner Sehnsucht, bald nach Hause zu kommen, von starken Schmerzen in der Brust, von der blutenden Lunge und vom Ärger mit schwierigen Menschen.

Von großer Herzlichkeit und Tiefe sind auch Marias Briefe. Oft wurde sie ihm zur Seelsorgerin; lenkte seinen Blick wieder hin auf Jesus und weg von dem, was ihn aufwühlte. Als ihm nach einer üblen Nachrede sein Temperament durchzugehen drohte und er auf den groben Klotz eines unverschämten Briefes den Keil einer deftigen Antwort setzen wollte, riet sie:

»Schreib nicht, mein Lieber! Jesus hat auch seinen Rücken hingehalten und wir wollen in seinen Fußstapfen gehen. Lass uns einfach beten und glauben und still sein.« Und Vetter ließ sich raten, ein ums andre Mal.

Zwei besonders aussagestarke Briefe Marias sollen für viele stehen. Im ersten antwortete sie auf Post ihres Mannes, in der er halb scherzhaft, halb im Ernst angefragt hatte, ob er denn ein guter, gar der beste Ehemann sei:

»Mein teurer, lieber Jakob, dass ich einen lieben, guten Mann habe, das hätte ich Dir schon längst einmal schreiben sollen. Du meinst sogar, der beste, Du hast wieder einmal Recht! Dieses Lob muss ich Dir geben. Ob Du aber die beste Frau hast, das ist eine andere Frage. Sie will aber noch besser lernen, die zweite Stimme zu singen, und dann wird Deine Frau noch lieb und gut. Wir sind beide willensstark, da gilt es, manchmal schwach zu werden, und die Frau muss dies besser können als der Mann. Danke für Deinen Brief, der mich so sehr freute. Jeder Brief ist ein Stück von Dir. Ich sehe Deine lieben Augen auf mir ruhen, noch einen einzigen Kuss von Dir, ich gebe Dir zwei, Deine glückliche Maria.«

Schließlich ein Auszug aus Marias Brief zu Vetters 40. Geburtstag:

»Mein Herzensjakob, Dein Geburtstag steht vor der Tür und ich sende Dir meine herzlichsten Segenswünsche. Ich lege meine Wünsche für Dich vor dem Thron Gottes nieder. Ja, der Herr segne Dich und gebe Dir ein Jahr der Gnade wie nie zuvor, dass Du noch für viele ein Segen sein und vielen Sündern seinen Namen groß machen kannst. Er, der Treue, lege Dir Kräfte zu für Deinen Leib und für Deinen Dienst. Wir haben dem Herrn nur zu danken, wie er Dich wieder ein Jahr hindurchgetragen hat; wie elend warst Du letztes Jahr; ja, der Herr hat an Dir und uns Großes getan. Das wäre schön, wenn Du daheim wärst an Deinem Festtage, im Geiste drücke ich Dich an mein Herz und küsse Dich. Ich habe Dich sehr lieb, mit jedem Jahr lieber. Ich kann Dir ja sonst nichts schenken als meine Liebe. Selbstverständlich bin ich in Gedanken bei Dir und denke mir, dass Ihr Brüder den Geburtstag auf irgendeine Weise feiert. Gott sei mit Dir. Ich freue mich, wenn ich Dein liebes Antlitz wieder schauen darf. Der Herr lasse Dich nehmen Kraft um Kraft und rüste Dich recht aus für neuen Dienst, für neue Aufträge. Nimm noch einen herzlichen Gruß der Liebe von mir entgegen, Deine getreue Maria.«

Am 7. Juni 1908 wurde Jakob und Maria Vetter ein Töchterlein geboren, dem sie, wie der Mutter, den Namen Maria gaben. Es wuchs zur Freude seiner Eltern und aller Patmosgäste heran. Ein Sonnenschein! Vetter schrieb viele Briefe an sein Kind. Ausführlich und kindgemäß schilderte er seiner Tochter Städte und Menschen, erzählte von den Versammlungen und machte ihr immer wieder Jesus lieb. Maria ließ das kleine Mädchen stets noch ein bisschen unter ihre Briefe kritzeln – als Gruß für den Vater. Später malte sie viele Bilder und legte sie den Briefen der Mutter bei. War er zu Hause, konnte er mit seinem Mariechen herumtollen, dass die Beobachter in Patmos ihren Augen nicht trauten. Er erfand lustige Spiele und ging hin und wieder auch mit Maria und Mariechen spazieren. Viele, die Vetter nur flüchtig kannten, hätten nicht für möglich gehalten, wie herzlich dieser ernste, innerlich jedoch fröhliche und glückliche Mann mit einem Kind umgehen konnte. Der größte

Wunsch der Eltern erfüllte sich. Die kleine Maria nahm Jesus in ihr Herz auf und wurde ein Kind Gottes. Später machte sie, wie die Mutter, eine Ausbildung zur Lehrerin mit dem Hauptfach Religion und hat im Lauf ihres Lebens selber vielen Kindern den Weg zu Jesus gewiesen.

Unterwegs notiert

Es ist kaum zu fassen, wie viele teils mehrmonatige Auslandsreisen Jakob Vetter in seinem so kurz bemessenen Leben unternommen hat. Eigentlich waren seine Jahre auch ohne diese Reisen bis an den Rand gefüllt. Zeltevangelisationen und vielerlei andere Verkündigungsdienste, eine umfangreiche mündliche und schriftliche Seelsorge, Missionsleitung und Mitverantwortung in Patmos sowie die Herausgabe des Zeltgrußes und ungezählter Kleinschriften zu wichtigen Themen des Lebens und des Glaubens waren zu bewältigen. Darüber hinaus verfasste er mehr als ein Dutzend Bücher, die weite Verbreitung fanden. Dennoch ist er immer wieder wochenlang im Ausland unterwegs gewesen. Von den Reisen nach England und Wales war schon die Rede; auch von der abenteuerlichen Russlandreise mit seiner Frau. Im Herbst 1905 evangelisierte er fast einen Monat in den Niederlanden. Dieser Dienst hinterließ in zahlreichen holländischen Städten bleibende Segensspuren, obgleich Vetter fast täglich durch starke Blutungen der Lunge aufs Äußerste geschwächt wurde.

Wiederholt reiste er in den Orient. Die erste dieser Orientreisen muss wohl die eindrucksvollste gewesen sein. Vier Monate war er unterwegs. Vetter reiste nie allein, auch diesmal nicht! Stets erbat er sich einen Fingerzeig von Gott, wen er als

Begleitung mitnehmen sollte. Als er an einem nebligen Novembertag des Jahres 1905 von Siegen zu seiner ersten Reise in den Orient aufbrach, war der vertraute Carl Schaible an seiner Seite.

Keine seiner Auslandsreisen entsprang purer Abenteuerlust oder einer augenblicklichen Laune. So lagen ihm als Auslöser der ersten Orientreise seit Monaten Einladungen zu allerlei Diensten in den deutschen Kolonien Palästinas vor, zum Besuch der deutschen Gemeinde in Kairo, der Sudan-Pionier-Mission in Assuan sowie verschiedener Missionen und diakonischer Einrichtungen in Syrien und Armenien. Doch nicht einmal diese Einladungsflut genügte Vetter, um sich für eine Auslandsreise in Marsch zu setzen. Er wollte jedes Mal ganz sicher sein, nach Gottes Willen zu handeln, und wartete darum immer ab, bis Freundeshand die Reisekosten zusammengelegt hatte – nicht nur für ihn, sondern auch für seine Begleitung.

In einem überaus spannend geschriebenen Buch von über 400 Seiten brachte Vetter seine Erlebnisse und Eindrücke von der ersten Orientreise zu Papier. Fast jeden Abend saß er noch mit Schaible zusammen. Sie überschlugen miteinander den Tag, segneten die Menschen, denen sie begegnet waren, und dankten Gott für das Gehörte und Geschaute, sonderlich für alle Bewahrung. Dann diktierte Vetter seinem Freund Schaible eine Zusammenfassung des Tages. Aus diesen Aufzeichnungen entstand nur wenige Wochen nach der Heimkehr das in vielen Auflagen erschienene Vetter-Buch »Meine Pilgerreise«. Wie Vetter selbst eine solche Reise verstand, geht aus folgenden Notizen hervor:

»Es war zum einen eine Studienreise! Ich sah das schönheitstrunkene Italien, durchquerte das alte Wunderland der Pharaonen und durfte die heiligen Stätten des Landes Kanaan besuchen.

Vor allem aber war es eine Predigtreise! Dies hat mir schwere Lasten auf die Schultern gelegt. O die Not der Millionen, die noch nichts vom Evangelium wissen. Solche Last drückt! Dazu kommt die Not der Namenschristen, die den Herrn der Herrlichkeit nicht wirklich kennen. Mein Predigen war wie der Ruf eines Nachtwächters, der gedankenlosen Menschen, die sich versäumen, zuruft, es sei Zeit, nach Hause zu kommen.

Und es war schließlich eine Pilgerreise! Ein unvergesslicher Rundgang war's durch die in Trümmern liegende alte Welt. Aus vielen Büchern kannte ich sie in der Vorstellung. Nun hatte ich sie wirklich gesehen. Träume meiner Jugend gingen mit dieser Reise in Erfüllung.«

Liest man in dem Buch »Meine Pilgerreise«, ist man von der außergewöhnlichen, lebendigen Sprache Vetters fasziniert. Mit wachen Sinnen nahm er Landschaften, Orte, Menschen, Tiere und Pflanzen wahr. Stimmungen erspürte er feinfühlig und zeigte kundig Hintergründe auf. Brillant sein umfassendes Wissen im Blick auf die allgemeine Geschichte und die Kirchengeschichte, im Blick auf die Kunstgeschichte und die Religionsgeschichte. Kurz und prägnant zeichnete er das Wirken von Kaisern und Pharaonen nach, war mit Raffael und Tizian, Dante, Michelangelo und anderen großen Söhnen von Florenz ebenso vertraut wie mit den Akteuren und Stätten des antiken und mittelalterlichen Rom, dem Untergang von Pompeji und den ägyptischen Pyramiden. Man findet großartige Querschnitte durch die Geschichte der Kopten und des Islam, der Pharaonen und der Juden. Ja sogar die verbrecherische Camorra charakterisiert er treffend; nicht einmal die heitertraurige Geschichte der Hunde im Orient fehlt. Eindrücklich beschreibt er das nächtliche Straßenleben in Italien und das bunte Völkermosaik in Kairo. Und durch alles leuchtet immer wieder sein innerstes Anliegen hindurch: dass doch die Menschen, die ohne Christus leben, nicht verloren gehen, sondern das rettende Evangelium kennen lernen möchten, bevor es zu spät ist.

Stundenlang verweilten die beiden Reisenden auf dem Campo Santo, dem berühmten Totenhof in Genua. Viele Grabmäler waren beredte Zeugnisse der Hoffnungslosigkeit. Kaum eine Darstellung oder Inschrift, die getroste Trauer widerspiegelte. Beim Tod der Mutter hatte Vetter zum ersten Mal vor der Majestät des Todes gezittert. Beim Sterben des Vaters und der Stiefmutter sowie beim

Jahrmarktsstück des Doktor Faust wurde er erneut vom Grauen gepackt. Jetzt stand er abermals vor der gnadenlosen Wirklichkeit des Todes. Ein Grabmal wühlte ihn besonders auf:

»Was für ein ergreifendes Monument! Majestätisch, mit einem schwarzen Gewand bedeckt, steht der König des Schreckens da. Seine knöcherne Hand hat den Arm einer Frau umkrallt, mit der anderen hält er sie an der Hüfte fest. Sein Kleid hat er teilweise um den Leib der Armen geschlungen. Die junge Frau wehrt sich mit aller Macht gegen den Tod. Die Finger der Hand, das Angesicht mit seinen verzerrten Zügen, die ganze Gestalt von der Fußsohle bis zum Scheitel predigt: ›Tod, mir graut vor dir!‹ Ich werde das Bild nie vergessen! Das verzerrte Gesicht, die weit geöffneten, im Tod erstarrten Augen! Der Tod ist etwas Schreckliches, ja das Schrecklichste, was es gibt. So kalt, so unerbittlich, so herzlos und ohne Erbarmen, so ungeahnt und so eilend, so unabwendbar und für immer legt er seine Mörderhand auf alles, was lebt! Das blühende Leben erstarrt und Verwesung folgt seiner Spur. Er raubt dem Bräutigam die soeben angetraute Braut; der zitternden Frau den fürsorgenden Mann; aus den Mutterarmen reißt er gefühllos den winzigen Säugling. Er macht, dass Eltern gebückten Hauptes und gebrochenen Herzens hinter den Särgen ihrer Kinder zum Grabe wanken. Durch sein Töten wird die fröhliche Kinderstube in wenigen Tagen zu einem Waisenhaus, wo die Kleinen weder Vater noch Mutter stammeln dürfen. Ach, unter seinem Sensenschlag seufzt und stöhnt die ganze Schöpfung.

Ja, Tod, vor dir graut mir! Vor dir krümmt sich der Wurm im Staube, vor dir schlottern die Knie der Riesen, vor dir stirbt die Weisheit der Weisen, vor dir zerstäuben die Fantasiegebilde der Philosophen, vor dir ist's mit dem Spott der Spötter zu Ende. Tod, vor dir graut mir! Kein Sterblicher kann sich gegen den Tod zur Wehr setzen. Die Bitternis des Hierseins ist Sterben! Sterben – trotz Lust und Wonneduft! Sterben – trotz aller Tropfen und Pillen, Pulver und Mixturen in den Büchsen der Apotheken. Sterben – trotz Seebädern und Kurorten und Röntgenstrahlen.

Nichts ist so sicher wie der Tod! Er lässt sich nicht verneinen noch wegphilosophieren. Der Tod ist und bleibt der schwarze Grenzstein unseres Erdenlebens. Tod heißt die letzte Welle, die unsere Barke zerschellen wird. Schauerlicher Gedanke!

Gibt es aus dem siebenfachen Weh, aus der Not, dem Jammer und dem Leid denn keinen Ausweg? So geht bewusst oder unbewusst, schuldbeladen und schuldgebeugt eine mit dem Tode kämpfende Menschheit fragend dahin. ›Weißer Mann, ist's wahr? Hast Du ein Mittel gegen den Tod gefunden?‹ So fragte im Herzen Ugandas eine Schar schwarzer Wüstensöhne den edlen Livingstone. ›Ja‹, sagte der kühne Mann, ›ich kenne und besit-

136

ze ein Mittel gegen den Tod; es ist Jesus! Jesus, der Fürst des Lebens!‹

Ja, Jesus! Jetzt ist ein Mittel wider den Tod und des Grabes fesselnde Macht gefunden. Er ist's, für alle, die an ihn glauben. Glaubst Du es?

Der Mond ist aufgegangen; sein geisterhaftes Licht belebt die toten Figuren. Uns graust's! Unheimlich leuchten die vielen Kerzen vor den Gräbern. Die Nacht bricht schnell herein und ruft uns noch einmal zu: Memento mori!«

Tief bewegt stand Vetter mit Schaible vor der Messingtafel auf dem weiten Platz in Florenz, wo vor über 500 Jahren der große Buß- und Erweckungsprediger Savonarola mundtot gemacht wurde und mit zwei seiner Getreuen den Feuertod sterben musste.

Starke Eindrücke hinterließ auch Rom. Stunden verbrachten die beiden in dem gewaltigen Petersdom und wohnten einer prunkvollen Messe bei. Lange saßen sie abends schweigend nebeneinander. Dann meinte Vetter: »Die schlichte Auslegung eines einfältigen Bruders vermag meinen Glauben wohl mehr zu stärken!«

An allen Stationen in Italien erfuhren sie herzliche Gastfreundschaft bei waldensischen Gemeinden. Tags besuchten und bestaunten sie die ungezählten Sehenswürdigkeiten des Landes, abends legte Vetter den waldensischen Geschwistern das Wort aus.

Ende November lief das stattliche Dampfschiff von Neapel aus. Vom Gipfel des Vesuv grüßte eine Feuerwolke. Viele Tage teils stürmischer Fahrt auf dem Mittelmeer lagen vor ihnen. Das Schiff stampfte Richtung Port Said. Der erste Sonntag nahte und die Christen an Bord hielten »Kriegsrat«, wie Vetter sagte, wo und auf welche Weise man den Passagieren und der Besatzung das Evangelium verkündigen könnte. Die meisten Fahrgäste stammten aus Deutschland und England. Man musste also mindestens zwei Angebote machen. Die Frage war, ob auch der Kapitän sein Einverständnis geben würde. Der aber schien geradezu darauf gewartet zu haben. Die Matrosen wuchteten ein Klavier aufs Oberdeck und improvisierten einen Altar und eine Kanzel. Als Vetter am Sonntagmorgen den ersten Gottesdienst hielt, fehlte keiner der deutschen Passagiere. Am Nachmittag folgte ein Gottesdienst in englischer Sprache. Und weil die Resonanz auf beide Gottesdienste so überwältigend war, wurde auf den Abend kurzerhand eine deutsch-englische Evangelisation angesetzt. Die Matrosen schauten skeptisch und trieben im Vorfeld ihren Spott. Doch dann waren sie von dem übervollen Deck unter sternklarem Himmel, vor allem aber von der Predigt Vetters beeindruckt. In einem großen Bogen erzählte er Ereignisse, die sich über Jahrtausende auf dem Mittelmeer zugetragen hatten. Aus den Abenteuerbüchern seiner Jugend kannte er viele spannende Geschichten von untergegangenen Schiffen, Seeschlachten und geretteten Schiffbrüchigen. Natürlich fehlte auch die Erzählung von Jona und dem Fisch nicht. Am Ende kam er auf die dramatische Reise des Paulus von Cäsarea nach Rom zu sprechen. Das gab ihm reichlich Gelegenheit, das Evangelium zu entfalten und Jesus beim Namen zu nennen. Alle, auch die Matrosen, hörten gebannt zu.

An den folgenden Tagen fand Vetter kaum Zeit, in Ruhe die Mahlzeiten einzunehmen, schon gar nicht, einmal entspannt auf Deck zu liegen. Einfache und hoch gestellte Leute baten um ein Gespräch. Schaible musste eine Liste führen, damit alles geordnet vonstatten ging. Bis Port Said hatte er viele Lasten und Nöte gehört, auf manche Beichte hin die Vergebung zugesprochen und die Hände von Sündern in die Hand ihres Heilandes gelegt.

In der deutschen Gemeinde in Kairo erfuhren Vetter und Schaible, unter welch schwierigen Bedingungen die Christen dort leben mussten. Vetter hielt ihnen eine Mut machende Predigt. Weihnachten feierten sie in Assuan – ohne Tannenbaum, Kerzen und Schnee, bei 40 Grad Celsius im Schatten. Dennoch überwog der Jubel über die herrliche Botschaft, die Vetter verkündigen durfte: »Siehe, ich verkündige Euch große Freude: Euch ist heute der Heiland geboren.«

Drei Wochen lang wohnten sie im geräumigen

Gästehaus der Sudan-Pionier-Mission und stärkten sich dort an der herzlichen Gemeinschaft mit den Missionaren und ihren Familien.

Zauberhaft sind Vetters Aufzeichnungen über seine Exkursionen in die Wüste. Da liest man unter anderem:

»So eine Wüstenreise ist unbeschreiblich, einfach hinreißend schön. Ich habe früher immer gedacht, die Sahara bestehe nur aus einer endlosen Sandfläche, aber es ist gar nicht so. Überall trifft man Berge und Hügel mit den eigenartigsten Gestaltungen und der wunderschönsten Färbung. Strahlende Sonnenaufgänge und traumhafte Sonnenuntergänge sind unauslöschlich ins Gedächtnis eingegraben. Je tiefer man in die geheimnisvolle Weite hineinkommt, desto großartiger werden die weißgolden schimmernden Sandberge. Alles ist still; erst zwitscherte hier und da noch ein Vogel und summte eine Fliege, dann hüllte uns Lautlosigkeit ein. Vorwärts gings in die weite, violettgraue Wüstenfläche, die in der Ferne nur von kahlen Felsgebirgen begrenzt erschien. Waren wir einige Stunden in diese Einsamkeit hineingeritten, machten wir Rast, lobten in der Stille der Wüste unseren Gott und beteten an. Das sind unvergessliche Stunden geworden. Wenn die Sonne sich zu neigen begann, kehrten wir um oder besuchten noch ein Nubierdorf. Einmal nahm uns ein Scheich auf das Herzlichste auf. Nach einer umständlichen und respektvollen Begrüßung öffnete sein Diener Sileiman die Gartentüre und führte uns in den von grellem Mondlicht geradezu zauber- und feenhaft beleuchteten Garten, wo wir auf einem Angoreb unter Palmen, Zitronen und Feigen Platz nahmen. Marjam, das einzige weibliche Wesen in der Gesellschaft, hockte sich auf den Boden, da es die Sitte nicht zulässt, dass Frauen und Mädchen so hoch sitzen wie die Männer. Sogar eine Mutter erlaubt sich nicht, neben ihrem Sohn Platz zu nehmen. Sie kauert stets in gebührender Stellung zu seinen Füßen. Ein erfrischendes Zitronenwasser wurde angeboten, während sich der Scheich anschickte, auf einer Spiritusflamme den arabischen Kaffee zu brauen. Laut schlürfend wurden die zierlichen Tässchen zum zweiten Mal geleert. Man saß noch eine Weile in gemütlicher Weise in der Abendkühle zusammen. Dies und jenes wurde besprochen, während unsere arabischen Gastgeber Rauchwolken in die Luft bliesen. Ehe wir aufbrachen, wurden unsere Taschen mit Feigen und Zitronen gefüllt, denn der Araber ist zu gastfreundlich, als dass er seinen Besuch leer ausziehen ließe. Dann verabschiedeten wir uns …!«

Anfang Januar legte das Schiff von Port Said Richtung Palästina ab. Vetter und Schaible konnten den Tag kaum erwarten, wo sie das Land betreten würden, in dem Gott die Geschichte zum Heil der Menschen gemacht hat – das Land Abrahams, Isaaks und Jakobs; das Land, in dem Gottes Sohn als Mensch gelebt hat, predigte, heilte, starb und auferstand; das Land der Juden und der Apostel der Urgemeinde. Nach zwei Diensten in Jaffa kamen sie nach Jerusalem. Vetter diktierte Schaible ins Reisetagebuch: »Keine Stadt der Welt hat eine solche Anziehungskraft wie Jerusalem. Hier hat Gott Kräfte der Erneuerung für die ganze Welt flüssig gemacht. Und doch ist das irdische Jerusalem nur ein Schatten der zukünftigen Stadt, deren Baumeister Gott selber ist.«

Der Besuch der Grabeskirche erschütterte sie. Der Lärm der Pilger, die ganzen Auswüchse einer äußerlichen, fast fetischistischen Frömmigkeit, das viele Gold und die wertvollen Edelsteine, das Wissen um den hässlichen Streit der christlichen Konfessionen um jeden Quadratmeter dieser Kirche trieb sie förmlich wieder hinaus. Als sie wenige Minuten später in die Stille der schlichten Erlöserkirche eintauchten, von deren Chorwand sie das Bekenntnis grüßte »Jesus Christus gestern, heute und derselbe auch in Ewigkeit«, hatten sie wieder Frieden. Hier, nur wenige hundert Meter von Golgatha entfernt, durfte Vetter predigen und den Gekreuzigten groß machen. An allen historischen Stätten verweilten sie, lasen die entsprechenden biblischen Geschichten, verharrten in der Stille und beteten an.

Als sie bereits geraume Zeit im Garten Gethsemane verbracht hatten und der Abend schon hereingebrochen war, näherte sich ein Zug mit Laternen. Vier Männer trugen auf einer Bahre einen Toten, in Grobleinen eingewickelt. Diesem folgten Freunde und Verwandte; lautlos und ernst gingen sie hinaus vor die Stadt, ihn zu begraben. Und wieder erschauerte Vetter angesichts des Todes.

»Die Majestät des Todes machte erneut einen ungeheuren Eindruck auf mich. Ich werde diesen Augenblick in meinem Leben nie vergessen. Man kann sagen, was man will, es bleibt dabei: Der Tod ist eine furchtbare Realität. Wir leben noch in der Welt, die unter der Herrschaft dieses Königs steht. Nicht nur wenn er uns ereilt, zerstört der Tod unsere Pläne; auch ehe wir ihn erleiden, fühlen wir sein finsteres Walten und können uns demselben niemals völlig entziehen. Das Kind, das uns zur Wonne geschenkt worden ist, es wird sterben müssen. Der Gegenstand unsrer Liebe, den wir nach schwerer Krankheit wiederum genesen sehen, er wird ein anderes Mal erkranken und zuletzt doch sterben. Die Gemeinschaft mit einem teuren Menschen, der uns einen süßen Trost gewährt, kann jeden Tag aufhören. Einmal wird das Band zerrissen, das uns so beglückte. Ach, was wir tun, wird endlich im Tod aufhören. Ja, man kann sagen: Wir leben, um zu sterben! Und wenn schon auf dem Erdenglück der Schatten des Todes liegt, wie steht es erst mit dem Erdenleid! Da ist keines, das unsere Augen nicht auf den Tod hinlenkte, denn alle Leiden strömen zum Tode wie die Bäche alle in einen Strom.

Womit wird diese oder jene Krankheit enden? Mit dem Tode. Was weissagt diese übergroße Mattigkeit, die uns an Leib und Seele niederdrückt? Sie weissagt den Tod! Was wird die Folge so vieler Entbehrungen, so aufreibender Arbeit und allen Hungerns und Dürstens sein? Der bittere Tod! Was bedeutet die zerstörende Arbeit der Jahre, die Abschwächung aller Sinneskräfte, das Zittern der Glieder? Den Tod, immer wieder den Tod! Ach, was uns widerfährt, trägt als Überschrift dieses entsetzliche Wort; ja, es steht uns auf der Stirn geschrieben, und wer in den Zügen und Falten eines Menschenantlitzes zu lesen versteht, wird darin wie auf einem dem Abbruch verfallenen Gebäude das Urteil der Zerstörung lesen können: Dem Tode geweiht!

Und doch, gelobt sei der Herr, triumphieren wir über den Tod, weil unser Herr ihn überwunden hat. Tod, wo ist Dein Stachel? Hölle, wo ist Dein Sieg? Am offenen Grabe zittern wir nicht mehr vor Deiner Majestät, weil wir jetzt schon mit Christus gestorben sind. Denn ob ich schon wanderte im finstern Tal der Todesschatten, fürchte ich doch kein Unglück, der Stecken und Stab meines Herrn trösten mich. Das waren die Gedanken, mit denen ich nach jenem denkwürdigen Abend in der Nacht in meine Unterkunft fuhr.«

Noch viele eindrückliche Stationen folgten, unter anderem der Besuch des Syrischen Waisenhauses, das der einstige Pilgermissionar von St. Chrischona Ludwig Schneller gegründet hat und das nun von seinem Sohn geleitet wurde. Unvergessliche Erlebnisse auch in Bethlehem und Jericho, am See Genezareth und auf dem Karmel.

Die deutsche Kolonie in Haifa lud Vetter zu einer zweiwöchigen Evangelisation ein. Jeden Abend war die deutsche Kirche überfüllt, unter den Besuchern fast immer der deutsche Konsul. Am Geburtstag des Kaisers bat dieser Vetter nach der Veranstaltung zu einem Empfang. Zahlreiche Diplomaten aus aller Herren Länder waren anwesend, als der Konsul Vetter mit bewegten Worten für die Evangelisation dankte und ihn aufforderte, anlässlich des hohen Geburtstages einige Worte des Gedenkens zu sagen. Vetter war dem Kaiser mehrfach begegnet. Als er schon gläubig war, hörte er den Kaiser einmal bei einer Soldatenvereidigung sagen: »Ihr werdet Offiziere und Generäle zu euren Vorgesetzten haben; aber wie ihr leben sollt, das könnt ihr nur von Christus erfahren. Er sei euer Generalissimus.« An dieses Erlebnis erinnerte Vetter in seiner kurzen Ansprache vor dem Konsul und all den geladenen Gästen und sprach dann über die weltpolitische Lage, über den sittlichen Verfall Europas und über den Ungeist des Widerspruchs, den er mit Macht sich entfalten sah. Allein die Heimkehr zu Christus, dem Herrn des Kosmos und dem Heiland der Sünder, könne die Katastrophe einer menschenmordenden Zukunft aufhalten. Die illustre Gesellschaft war tief beeindruckt von Vetters Rede, die sich wenige Jahre später als prophetisch erweisen sollte.

Im Hinblick auf seine Gesundheit erging es Vetter auf dieser strapaziösen Reise erstaunlich gut. Die heiße, trockene Luft tat seiner Lunge so wohl, dass ihm seine Frau in einem liebevollen Brief riet, die Zeit im Orient auf eigene Kosten um einige Wochen zu verlängern. Doch Vetter hatte bereits für das Frühjahr Dienste in Deutschland zugesagt; so ging die Reise wie vorgesehen ihrem Ende entgegen.

Noch manches Abenteuer erlebten Vetter und sein Begleiter in Beirut und in Damaskus, in Baalbek und in Konstantinopel. Bewegten Herzens fuhren sie mit dem Schiff an Zypern und Patmos vorbei. Erschüttert schauten sie durch die Gitterstäbe eines türkischen Gefängnisses, wo Schuldige und Unschuldige jeden Alters von korrupten Wärtern vor ihren Augen misshandelt wurden. Gerne hätte Vetter die Gefangenen besucht, aber alle Bemühungen um eine Erlaubnis scheiterten.

Engel und Gebete hatten Vetter und Schaible in den zurückliegenden vier Monaten begleitet. Mit einem Herzen voller Dank kehrten sie im März 1906 nach Patmos zurück.

Zwischen 1907 und 1912 folgten weitere erlebnisreiche und gesegnete Orientreisen mit verschiedenen Begleitern. Auf der zweiten traf Vetter im

Gästehaus der Sudan-Pionier-Mission mit einem gläubigen deutsch-russischen Fürsten zusammen, der ihn auf sein Schloss Mesothen in Kurland einlud. Diese recht beschwerliche, aber an mancherlei Diensten und außergewöhnlichen Begegnungen reiche zweite Russlandreise trat Vetter im Herbst 1909 zusammen mit dem Sudan-Pionier-Missionar Zimmermann an. Im Schloss des Fürsten, wo morgendlich Bibelstunden und abendlich Evangelisationen stattfanden, traf Vetter an den Nachmittagen oft mit allerlei hoch gestellten Persönlichkeiten aus Kirche, Politik und Adel zusammen. Vetter hätte liebend gerne eine Zeltmissionsarbeit in Russland aufgebaut. Er hatte die Menschen dort von Herzen lieb gewonnen und wünschte sich sehr, dass ihnen auf diese Weise das herrliche Evangelium verkündigt würde. Der gastgebende Fürst von Mesothen versuchte sogar, zur Bewilligung einer Zeltmission ein Treffen zwischen Vetter und dem russischen Innenminister zu arrangieren. Aber trotz allen Bemühens tat sich keine Tür für das Vorhaben auf. In einem Brief an seine Frau schrieb Vetter unter anderem:

»Ich hatte mit mancherlei kaiserlichen und anderen Hoheiten Audienzen, teils vortreffliche Leute, gesegnete Augenblicke dabei. Aber für die Gründung einer russischen Zeltmission stehen die Aktien schlecht, sehr schlecht. Russland hat sich in der Gottlosigkeit weiterentwickelt seit unserem ersten Aufenthalt vor drei Jahren. Die orthodoxe

Kirche macht mir eher den Eindruck, als wolle sie sich und den russischen Leuten das Evangelium vom Leibe halten. Andere zögern! Schlimme Zeiten könnten unseren Brüdern bevorstehen. Gott gebe Gnade! In Petersburg sah ich einen Geldwagen, der von zwölf berittenen Gendarmen und von zwölf Rad fahrenden Polizisten begleitet wurde. Schrecklich! Die Ruhe hier, so scheint mir, ist eine Ruhe vor dem Sturm, und der kommt! Im Innern des alten Russland tobt der Revolutionsgeist! Wenn hier kein Zelt erstellt werden kann, dann muss man Gottes Reich in einer anderen Weise zu bauen versuchen. Nun, wie Gott will!«

Abschied und Neubeginn

Immer deutlicher zeichnete sich ab, dass Vetter unter der Doppelbelastung eines umfangreichen Evangelistendienstes auf der einen Seite und der Mitverantwortung für Patmos auf der anderen Seite zerbrechen würde. »Ruhet ein wenig«, hatte Jesus in fürsorglicher Liebe seinen ersten Jüngern geboten. Wer so viel ausgibt an rettender Botschaft und seelsorgerlichem Rat, an Zuhören und Weg-weisung, an Zeit und Kraft wie Vetter, der braucht auch eine Oase des Einnehmens. Und genau das war Patmos für den unermüdlichen Gottesmann nicht. Kam er nach mitunter wochenlangen Diens-ten völlig erschöpft nach Hause, überfielen ihn die Menschen und die Nöte und die Aufgaben von Patmos oft schon, bevor er mit dem Koffer die Eingangstür durchschritten oder Gelegenheit hat-te, seine Frau und sein Kind zu begrüßen und in die Arme zu schließen. Wer immer nur ausgeben muss und nie einnehmen darf, verausgabt sich.

So zog Vetter nach langen Gesprächen mit Maria und väterlichen Freunden einen Strich. Er entschloss sich Anfang 1912, von Patmos nach Riehen bei Basel überzusiedeln. Im dortigen Er-lensträßchen war Marias geräumiges Elternhaus verfügbar. So fand der Umzug statt! Der Hausge-meinde in Patmos und den vielen treuen Gästen, die immer wieder kamen, war das ein tiefer

Schmerz; umso mehr freuten sich die alten Weggefährten aus St.-Chrischona-Zeiten und Marias großer Freundeskreis in Riehen. Die Vetters schieden von Patmos ohne Bitterkeit, in tiefem Frieden. Vetter segnete alle Mitarbeiter und betete über jedem Einzelnen von ihnen.

Ein kurzes, bewegendes Gebet vertraute er seinem Tagebuch an:

»Es gilt, von Patmos Abschied zu nehmen. Du, o Gott, hast mir die Gnade geschenkt, Patmos zu gründen und ihm seine Prägung zu geben. Dein Wille ist, dass ich nun Patmos dir und denen überlasse, die du nach ewigem Rat für die Arbeit bestimmt hast. O Herr, bewahre du das Werk vor dem Bösen! Lass deinen Namen immer hier gepriesen werden! Deine Königsmacht offenbare und bestätige dein Wort mit Zeichen und Wundern! Ich danke dir, dass ich sieben Jahre hier sein durfte, ich danke dir, dass ich ziehen darf. Heilige mich mit meinem Hause zu neuem Dienst.«

Kaum in Riehen angekommen, noch bevor die Möbel standen und die Bücher eingeräumt waren, weihten Jakob und Maria Vetter Gott ihr neues Domizil. Es sollte ein Tempel des Herrn sein, ein Ort seiner Gegenwart. Vor allem sollte es ein Gästehaus werden für durchreisende Reichgottesarbeiter, eine Erholungsstätte für Müde und Angefochtene, ein Zufluchtsort für alle, die ratlos waren und nicht mehr ein noch aus wussten. Sie baten Gott, er möge ihnen Tag und Nacht die

Gnade schenken, Gastfreundschaft zu üben ohne Murren und an seinem Versorgen nie zu zweifeln.

So ist es dann auch geworden. Die Zahl bekannter und anderer, eher namenloser Männer und Frauen ist nicht zu zählen, die in diesem Hause ein- und ausgingen, rasteten und Erholung fanden, äußerlich bewirtet und innerlich gestärkt wurden. Manche kamen auf einen Sprung, andere auf Wochen. Manchmal wurden Maria die Vorräte knapp. Das Haus war voll, die Speisekammer leer und Jakob auf Reisen. Da konnte sie schon einmal schreiben, es sei kein einziger Franken mehr in der Schublade, den Gott mehren könnte wie einst das Öl im Krug der Witwe. So wurden sie ständig zu neuem, kindlichem Vertrauen herausgefordert, wuchsen in der Abhängigkeit von Gott und erlebten ungezählte Versorgungswunder.

Einem treuen Freund des Hauses ist eine Schilderung der besonderen Atmosphäre des Vetter'schen Heims zu verdanken. Die Gäste trafen Vetter gewöhnlich in seinem Arbeitszimmer an, hinter dem Schreibtisch in der Zimmermitte sitzend, auf dem sich Schreibzeug, Korrekturbögen, fertige Blätter, eigene und fremde Bücher neuesten Datums und Stöße von Briefen ein Stelldichein gaben. Auf dem noch wuchtigeren Schreibtisch an der Wand lag die großformatige Bibel des berühmten Samuel Hebich. Von der Wand über diesem Schreibtisch grüßte ein Bild seines Lehrers und Seelsorgers Rappard. Auch sonst zierten Fotos in allen Formaten die Wände. Da fehlte keiner seiner Mitarbeiter, auch die nicht, die nur vorübergehend im Werk der Zeltmission mitgearbeitet hatten wie Ludwig Henrichs oder Fritz Binde. Fragte man Vetter, warum er die Wände flächendeckend mit Bildern seiner Weggefährten versehen hatte, antwortete er: »Damit ich das Danken nicht vergesse für die vielen, durch die ich gesegnet wurde.« Neben der Tür hing ein kleiner Bücherschrank, aus dem er beim Abschied jedem Besucher etwas mitgab. Keiner verließ ohne ein Buch oder eine kleine Schrift sein Haus.

Über die Schublade des Schreibtisches, an dem er arbeitete, könnte ein eigenes Buch geschrieben werden. Da legten die Vetters Geldgaben hinein und holten sie zur zweckbestimmten Verwendung wieder heraus. Ein großes Heft diente der gewissenhaften Buchführung. Diese Schublade wurde eine Lebens- und Segensquelle für ungezählte Menschen in Not. Neben dem, was von Vetter für die Zeltmission gegeben und entsprechend verwendet wurde, ging Geld zur freien Verfügung für Notleidende ein. Vetter hatte die Stiftung Adullam ins Leben gerufen. Auf diesen Namen kam Vetter durch eine biblische Geschichte, die im ersten Samuelbuch erzählt wird. David hatte sich auf der Flucht vor Saul in die Höhle Adullam zurückgezogen. Aber er blieb nicht lange allein. Nach und nach sammelten sich dort über 400 Männer, die in Not und Schulden und verbitterten Herzens waren. David übernahm für sie die Verantwortung. Jedes Mal, wenn Vetter beim Lesen der Bibel auf diese Geschichte stieß, ging ihm ein Stich durchs Herz. So gründete er mit seiner Frau die Stiftung Adullam. Die Liebe zu den Ärmsten der Armen war einer der Hauptwesenszüge, die Jakob und Maria Vetter besonders eng miteinander verbanden. Es hat in der Geschichte des Reiches Gottes wenig Evangelistenehepaare gegeben, die so umfassend sozial engagiert waren. Vetter schwebte immer der Bau eines Armenhauses vor. Eine Art Asyl für Alkoholiker und andere Suchtkranke, für Heruntergekommene und Verzweifelte, für Jugendliche aus zerrütteten Familien und andere Gestalten des Elends. Dazu ist es nicht gekommen, aber die Vetters machten für solche Leute Tausende von Franken flüssig, abgesehen von der seelsorgerlichen Hilfe, die sie ihnen in Tag- und Nachtgesprächen zuteil werden ließen.

Die evangelistische Arbeit Vetters ging von Riehen aus unverkürzt weiter, sowohl die Zelteinsätze im Sommer als auch die Verkündigungsdienste zwischen Oktober und April. Daneben benutzte ihn Gott, um der lebendigen Gemeinschaft vor Ort eine würdige Versammlungsstätte zu schaffen. Gegenüber dem Vetter'schen Haus lag ein Grundstück, auf das die Riehener Brüder schon lange ein Auge geworfen hatten.

Bereits 1911 traf sich Vetter an einem späten

Abend mit verantwortlichen Brüdern der Riehener Gemeinschaft, um auf besagtem Grundstück zu beten und Gott im Blick auf die Möglichkeit, dasselbe zu erwerben, das Vertrauen auszusprechen. Nur wenige Monate später konnte das Anwesen erworben werden. 1914 fand die Einweihung des schmucken Hauses statt. Vetter hielt die Festrede. Jedem der zahlreichen Besucher händigte er eine kleine Schrift aus, in welcher die über 200-jährige Geschichte erwecklichen Christentums in Riehen kurzweilig zusammengefasst war.

Nur wenige Wochen nach dem Umzug in die Schweiz wurde Vetter bereits wieder nach Patmos eingeladen, um an der Feier zum zehnjährigen Bestehen der Zeltmission teilzunehmen. Es muss für die 3000 Gäste und für die Verantwortlichen der Zeltmission ein bewegender Tag gewesen sein. Vetter sprach über das Wort: »Wir haben erkannt und geglaubt die Liebe, die Gott zu uns hat!«

Er begann seine ergreifende Rede mit dem Staunen darüber, dass Gott so schwache Menschen wie ihn und andere gebraucht, um zum Zuge zu kommen; dass er mit in vielerlei Hinsicht unvermögenden Leuten disponiert, um sein Reich zu bauen. Wie groß ist Gott! Die folgenden Auszüge verdeutlichen, was Vetter an diesem denkwürdigen Tag bewegte:

»Wir haben die Liebe Gottes erkannt! Wir haben die Liebe Gottes erkannt in der Entstehung der Zeltmission. Ohne Mittel, ohne einflussreiche Freunde, ohne Betriebskapital, kurz, ohne all die Faktoren, die sonst treibende Kraft sind, wurde die Zeltmission gegründet. Die Faktoren, die mit der göttlichen Gnade zusammenwirkten, waren Gebet und Glaube. Gott hat die Gebete erhört und den Glauben gekrönt. Darinnen sehen wir seine Liebe. Als wir ins Feld zogen, hatten wir nur wenig Freunde, aber viele Kritiker und Gegner. Man nannte uns eine Zigeunerbande, evangelisierende Menagerie und Vagabundenprediger. In Kirchen wurde gegen uns gepredigt und die öffentliche Meinung wurde gegen uns mobil gemacht. Aber was hat uns das alles geschadet? Nichts! Gott war mit uns und hat unsere Gegner zu Freunden gemacht oder verstummen lassen. Ja, wir haben erkannt die Liebe Gottes in der Entstehung unseres Werkes.

Und wir haben die Liebe Gottes erkannt in den offenen Türen, die er uns gab. Zeltmission ist populär geworden. Allenthalben hat man gemerkt, wie nötig das ist, dass solche Arbeit geschieht. Das war nicht immer so. Bis zu den höchsten Behörden des Landes mussten wir oft gehen, bis wir in gewissen Städten Aufnahme fanden. Inzwischen haben auch Kirchen und Gemeinschaften Vertrauen zu uns bekommen. Sie haben gesehen, dass wir nichts für uns suchen, sondern die Ehre Gottes und die Rettung der Verlorenen. Auch sind wir unserem Grundsatz treu geblieben, keine neuen Gemeinden oder Gemeinschaften zu gründen.

Wir haben die Liebe Gottes ferner erkannt an der Ausbreitung des Werkes. In der kurzen Zeit von zehn Jahren durften wir viele Zelte bauen. Es ist ein einziges Wunder.

Vor allem erkannten wir die Liebe Gottes an den Tausenden, die im Zelt Gott erlebten und gerettet wurden. Menschen aus allen Gesellschaftsschichten bekannten ihre Sünden und fanden Frieden.«

Noch manche Erweise der Liebe Gottes nannte Vetter beim Rückblick auf die zehnjährige Zeltmissionsgeschichte. Er erwähnte das Geschenk hingegebener Mitarbeiter, die in der Liebe zu Gott und den Menschen brennen, und wies auf Patmos hin als »Denkmal der Barmherzigkeit«. Er dachte dankbar an den Zeltgruß, der Freunde und Beter in aller Welt verbindet, und an den Segen durch das Glauben weckende und -stärkende Schrifttum der Buchhandlung. Vetter verschwieg aber auch die Not schwieriger Zeiten und bitterer Erfahrungen nicht.

»Gott hat uns nicht nur viel gegeben, er hat uns auch viel genommen; er hat uns in den Feuerofen geworfen und durch tiefe Wasser geführt. Das Zeltmissionsschiff ging oft durch Sturm und Wetter. Es kamen Zeiten, wo alles schwarz und dunkel um uns war, wo viele Tage lang weder Sonne noch Mond in ihrem Glanze leuchteten. Es schien, als ob das ganze Werk zugrunde gehen würde. Unergründliche Tiefen der Verzweiflung starrten uns an. Wo war da die Liebe Gottes? Lasst es euch sagen: Wir sahen seine Liebe nicht, aber wir glaubten sie. Wenn man die Liebe Gottes nicht mehr erkennen kann, muss man sie eben glauben. Sie ist da, sie ist unveränderlich, während alle Stürme und Trübsale einmal ein Ende haben!«

Zum Schluss legte er wie ein verantwortungsbewusster Arzt den Finger auf die Wunden der Gegenwart und riss dem Zeitgeist schonungslos die Maske vom Gesicht:

»Wir haben die Liebe Gottes in immer neuen Tönen zu predigen, aber kein neues Evangelium. Das moderne Geschwätz von der Selbsterlösung rettet keinen Verlorenen. Welch ein Unsinn wäre es, einem Ertrinkenden, der mit dem Tode ringt, zu predigen: Vertraue deiner Kraft und du wirst dein Leben retten! Nein, er hat keine Kraft! Wirf ihm das Rettungsseil zu; dann kann er sich daran klammern und gerettet werden. Das Rettungsseil ist Christus, die ewige Liebe Gottes. Der Glaubensblick auf Christus wirkt Wunder!

Die Massen verlangen nach einem Christentum, das nicht wehtut, nach einem Christentum ohne Dornenkrone, nach einer Predigt ohne Blut und Wunden, nach einem Christenweg ohne Kreuz und Leiden. Religiöse Philosophie will man, christlichen Sozialismus oder sonst etwas fürs Gefühl oder für den Intellekt; Hauptsache, ein inte-

ressantes Christentum. Man schätzt eine Rede-
kunst, die am Herzen vorbeizielt und das Gewissen verschont, die Schuld nicht straft, Tod und
Hölle verschweigt, Christus zum bloßen Vorbild
verkommen lässt und ihn als das Lamm Gottes
verwirft, das doch allein der Welt Sünde trägt. Der
moderne Mensch sucht keine Gnade, sondern
Witz und zur Schau gestelltes Können. Die Scheu
vor dem Heiligen ist fort. Diesem Geschlecht fehlt
die Gotteserkenntnis, die Selbsterkenntnis und die
Sündenerkenntnis. Gottlosigkeit im Verbunde mit
Zuchtlosigkeit spielen zum Tanze auf. Und in den
Kreisen der Gläubigen herrscht die Bequemlichkeit und Leidensscheu. Darum sind sie so bren-
nend an einer Entrückung vor der Trübsal interessiert.

Die Gefahr der Anpassung ist groß. Es gibt
Evangelisten, die gehen mit dem Zeitgeist und verlieren ihre Kraft – Kraft, Seelen zu retten und Gemeinde Gottes zu bauen.

Wir aber wollen es nicht so halten. Hat die
Wahrheit eine harte Seite, verfeinern wir sie nicht.
Ist Ärgernis in der Botschaft, verstecken wir es
nicht. Ich kenne nur einen Geist, der mich leiten
soll, und das ist der Geist Gottes, der klar und
schriftgemäß führt, unabhängig vom Geist der
Zeitalter!«

Schließlich ließ Vetter seine Festansprache in
ein fast prophetisches Schlusswort einmünden:

»Die Liebe Gottes war die Summe unserer Erfahrungen und der Gegenstand unseres Zeugnisses und soll auch in Zukunft der Stecken und Stab unserer Wegfahrt bleiben. Wir gehen sehr ernsten Zeiten entgegen. Kriegsgeschrei tönt von fern an unser Ohr. Der Revolutionsgeist hat alle Gesellschaftskreise erfasst. Wie lange dürfen wir noch evangelisieren? Wie lange darf man noch Zelte aufschlagen und die gute Botschaft verkündigen? Es gibt wirklich Ursache, mit Bangen und Sorgen in die Zukunft zu schauen. Nun, komme es, wie es wolle, wir fürchten uns nicht. Wenn alles drunter und drüber geht, wenn Krieg und Kriegsgeschrei die Luft erfüllen und die Liebe in vielen erkaltet, so bleibt es doch dabei: Gott ist die Liebe! Wir werden auch in Zukunft mit flammender Beredsamkeit Christus preisen, in dem die Liebe Gottes erschienen ist. Wir werden Priester sein, die Tag und Nacht vor Gott stehen. Die Liebe wird uns immer neue Wege zeigen, das alte, aber Menschen erneuernde Evangelium gottentfernten Menschen nahe zu bringen!«

Nur etwas mehr als zwei Jahre vergingen, dann wurden die ahnungsvollen Sätze Vetters Wirklichkeit. Der Erste Weltkrieg brach aus und brachte Not und Tod über Deutschland, Europa und die Welt.

Als Vetter mit einigen Brüdern nach Hamburg aufbrach, stoppten immer wieder Militärkolonnen und Züge voller Soldaten die Weiterfahrt.

Schon am ersten Abend reichte das große Zelt nicht für den Ansturm der Menschen, die in jener bösen Zeit nach guten Nachrichten hungerten. Am 2. August 1914 stand Jakob Vetter zum letzten Mal auf deutschem Boden im Zelt. Er predigte über das Thema »Der Anfang der Not«. Atemlos lauschten die Menschen. Viele blieben zurück. Gegen Mitternacht wurde der Zeltmannschaft mitgeteilt, das Zelt müsse abgebrochen werden. Neun Tage abenteuerliche Heimreise lagen vor Vetter. Ein stundenlanger Aufenthalt in Worms bescherte ihm die Freude einer letzten Begegnung mit Vater Greiner, dem er so viel zu verdanken hatte. Endlich kam er in Riehen an.

Noch wenige Zelteinsätze konnten stattfinden, dann machte auch die Schweiz mobil. Jahre lagerten die Zelte in Patmos. Dennoch wurde das Evangelium auf vielfältige andere Weise zu den Menschen getragen.

Segensträger in dunkler Zeit

Unermüdlich predigte und evangelisierte Vetter weiter in Kirchen und Sälen. Je größer die Not des Krieges wurde, desto mehr Einladungen stapelten sich auf seinem Schreibtisch und desto voller wurden die Versammlungsräume. Tausende füllten im Januar 1917 das riesige Herkulesvelodrom in Nürnberg, wo Vetter tagelang unter dem Leitthema »Frohe Botschaft in trüber Zeit« evangelistische Vorträge hielt. Einem Freund schrieb Vetter aus dieser Arbeit nach Riehen:

»Ich habe nur einen Wunsch, Christus zu inthronisieren, damit er das A und das O in den Menschenherzen wird. Das ist die Hauptsache bei all unserer Arbeit. Wir nichts, Christus alles! Unser Name vergeht, seiner muss kund werden allen Menschen!«

Doch Vetter suchte noch nach weiteren Möglichkeiten der Verkündigung und betete um neue offene Türen. Die Liebe zu seinem Herrn und zu den Menschen, die ohne Jesus diese schlimme weltgeschichtliche Zeit durchleben mussten, trieb ihn um. In seinem Arbeitszimmer, unter dem großen Bild von Inspektor Rappard, konnten Vetters Besucher den Satz lesen: »Meine Freude bis zum Sterben, Seelen für das Lamm zu werben.« Er hat's auch denen immer wieder gesagt, die ihm zu mehr Muße rieten.

Eines Tages gingen ihm die Augen auf für das unsägliche Leid in den überfüllten Krankenhäusern und in den vielen hundert Lazaretten. Wie in den Anfangsmonaten seines Glaubens begann er wieder, die Kranken auf den Stationen der Hospitäler aufzusuchen, und erzählte ihnen vom Heiland.

Erschüttert kam er aus den Lazaretten nach Hause. Oft zog er sich danach Stunden in seine Gartenlaube zurück, um mit Gott allein zu sein, sich auszuweinen über all dem grenzenlosen Elend, das er geschaut hatte, und neuen Frieden zu finden im Gebet. Wie lernte Vetter durch diesen aufopferungsvollen Dienst den Krieg hassen und den Teufel verachten, der ein Mörder ist von Anbeginn. »Krieg ist Tränenzeit und bleibt der Hölle lautestes und schrecklichstes Hohngelächter«, sagte er.

Immer wieder standen ihm die Soldaten vor Augen, wie sie in Nacht und Kälte und tausend Ängsten ihrem schauerlichen Auftrag nachgehen mussten, ständig Verstümmelung und Tod vor Augen, die meisten ohne einen Funken Hoffnung über dieses kurze irdische Leben hinaus. Auf einmal wusste er, dass er eine seelsorgerliche Arbeit für die Feldsoldaten ins Leben rufen musste. Freunde, die das Anliegen mit auf ihr Herz nahmen, fand er in großer Zahl. Sie finanzierten über Jahre einen aufwendigen Schriftendienst. Große Mengen an Bibeln, Bibelteilen und kleinen Schriften gingen an die Front. Wie viele Spuren des Trostes und des Segens dieser Dienst hinterlassen hat, ist kaum zu ermessen.

Täglich standen neue Schreckensmeldungen in den Zeitungen. Das Elend der ostpreußischen Flüchtlinge ging Vetter derart an die Nieren, dass er sich mit Fürbitte allein nicht begnügen wollte. Er startete über den Zeltgruß eine Aktion und sammelte alle in den Flüchtlingslagern benötigten Dinge.

Schlimme Kunde kam von den Gefangenenlagern, in denen Franzosen und Engländer lebten und litten. Deutsche und Schweizer Freunde brachten auf Bitten Vetters große Summen auf, um für diese Gefangenen französische und englische Neue Testamente und zahlreiche Kleinschriften zu kaufen. Ungezählten Gefangenen wurde die Lektüre zum zeitlichen und ewigen Segen. Der Kommandant eines englischen Gefangenenlagers brachte in Erfahrung, wer die Beschaffung und Verteilung des Schrifttums veranlasst hatte. Er behielt es nicht für sich. So machte Vetters Name in den Gefangenenlagern die Runde. Wichtiger aber – der Name Jesu wurde manchem Gefangenen zum Inbegriff allen Trostes.

Durch die Masurenschlachten kamen auch Tausende von Russen in deutsche Kriegsgefangenschaft. Da loderte in Vetter die Liebe neu auf, die Gott ihm schon bei seinen beiden Russlandreisen für dieses Volk ins Herz geschenkt hatte. Jetzt war die gute Gelegenheit, ihnen die Frohe Botschaft in ihre notvolle Situation hineinzubringen. Zunächst schienen alle Türen verschlossen. Die von Spenden gekauften 60 000 Neuen Testamente stapelten sich in Patmos und in Riehen, alle Liebesmüh Vetters und der zahlreichen Spender schien vergeblich. Da wandte sich Vetter mutig an die oberste Instanz. Er schrieb an das deutsche Kriegsministerium. Als nach Wochen bangen Wartens und intensiven Gebets endlich die Zustimmung zur Verteilung von christlichem Schrifttum in den russischen Gefangenenlagern eintraf, stieß Vetter einen Jubelschrei aus. Sein Herz war voll Freude. Bewegende Briefzeugnisse dokumentieren, dass diese Aktion Hunderten von russischen Gefangenen, vom Offizier bis zum gemeinen Soldaten, den Weg zum Heil gewiesen hat.

Gerne hätte Vetter selber in den russischen Gefangenenlagern gepredigt, aber er war der Sprache nicht mächtig. Ein erster Versuch mit einem Dolmetscher schlug fehl; er schien nicht immer das zu übersetzen, was Vetter verkündigt hatte, sondern ließ noch manche Propaganda einfließen. Da erinnerte sich Vetter an Köhler, einen Chrischonabruder, der auch Evangelist geworden war und von dem er wusste, dass er fließend Russisch sprach. Die Frage war, ob er Köhler für gelegentliche Dienste in den russischen Gefangenenlagern von seinem Schweizer Wirkungsort loseisen könnte. Würde er den Mut zu diesem Dienst haben? Würden ihn die Seinen ziehen lassen?

Köhler sagte tatsächlich zu; so wurde den russischen Gefangenen nicht nur durch Schriften, sondern auch durch Predigt und Seelsorge das Evangelium erschlossen. Erst in der himmlischen Welt wird man einmal das ganze Ausmaß der Frucht übersehen, die diese engagierte Friedensarbeit inmitten der Hölle des Krieges getragen hat.

Seit vielen Jahren bewegten Vetter zwei weitere Anliegen. Immer wieder standen ihm Einsätze vor Augen, wo die vorhandenen Zelte die Besucher nicht fassen konnten. Musste man das nicht als Zeichen deuten, dass Gott noch einmal eine deutschlandweite Erweckung schenken wollte? Wer aber Fische fangen will, muss die Netze und die Boote dafür bereit haben.

Vetter schwebte eine große transportable Wanderhalle vor, die 5000 Menschen Platz bieten konnte. Darüber hinaus hätte er gern ein Missionsschiff gebaut, durch das man auf deutschen Flüssen Schifferfamilien und Hafenarbeiter mit der guten Nachricht erreichen könnte. Vetter vertraute sich mit diesen Visionen schon früh Inspektor Rappard an, der beide Anliegen mit einem brennenden Herzen aufnahm und ihm Mut machte, die Augen offen zu halten und zu beten. Jedoch taten sich keine Türen auf. Vetter erkannte, dass die Zeit für die beiden Vorhaben noch nicht reif war. Christen müssen warten können. Er behielt einen klaren Blick für die eigentlichen Prioritäten.

Bei einer Veranstaltung, wo er von seiner Vision erzählte, sagte er: »Wichtiger als eine transportable Evangeliumshalle und nötiger als ein Missionsschiff auf deutschen Flüssen sind Evangelisten, die in der Kraft Gottes stehen. Männer, die nicht das Geld und die Ehre der Menschen lieben. Männer ohne Furcht und Tadel, voll Glaubens und Weisheit, die nichts wissen wollen als Christus, den Gekreuzigten. Männer, deren Herz brennt für die sterbende Welt und die frei sind von Diplomatie und Sektengeist. Gebt mir zwölf solcher Männer und wir erleben bald eine geistliche Revolution.«

Heimreise

Im Laufe des Kriegsjahres 1917 machten Vetter verstärkt Lungenblutungen zu schaffen. Sie überfielen ihn oft so überraschend und heftig, dass er seine Dienste vor Ort unterbrechen und einige Zeit liegen musste. Bei einer großen Evangelisation in Zürich benachrichtigten besorgte Brüder sogar seine Frau, weil sie sahen, wie schlecht es um Vetters Gesundheit stand. Ihre Nähe und ihr Zuspruch richteten ihn wieder auf, sodass er die Arbeit richtig zu Ende bringen konnte.

Vetter war gezwungen, größere Pausen einzulegen. Er nutzte sie zum Rückzug ins Gebet und zum Lesen der Heiligen Schrift. Stunden verbrachte er über der aufgeschlagenen Bibel. Viel Zeit widmete er auch den immer noch zahlreichen Gästen seines Hauses und erledigte Berge von Seelsorgepost. Zu Diensten brach er in immer größerer körperlicher Schwachheit auf. Aber wenn die Abende begannen und er in die Gesichter der erwartungsvollen Menschen sah, brannte wieder das Feuer in ihm und er predigte in scheinbar ungebrochener Frische.

An den Rand des Grabes brachte ihn ein Einsatz in der Karwoche 1918. Wie hatte er sich darauf gefreut! Den gekreuzigten Christus wollte er den Menschen in leuchtenden Farben vor Augen malen. Doch schon vor dem ersten Abend setzte das

Lungenbluten ein. Die Brüder vor Ort bangten um ihn und das ganze Evangelisationsvorhaben. Sie legten ihm die Hände auf und beteten über ihm. Vetter konnte mit der Arbeit beginnen. Aber es blieb ein Kampf. Am Karfreitag schrieb er in sein Tagebuch: »Es kommt über mich, als ob alle Adern in meiner Lunge auf einmal platzen wollten. Ich fühle Bedrängnis, Druck, Atemnot, Beängstigung und kämpfe in diesen Augenblicken einen schweren Kampf. Ich halte Gott die Verheißung vor: ›Ich will deine Wunden heilen und dich gesund machen.‹ Ich glaube! Ich bin entkräftet! Ich brauche neue Lebenszulage. Diese kann nur Gott geben. O Gott, wie lange noch? Komm mir zu Hilfe!«

Als er nach Tagen den Dienst zu einem guten Ende gebracht hatte, notierte er voller Dank: »Herr, deine Gnade reicht aus für mich!«

Im Frühsommer 1918 raffte in der Nordschweiz eine tückische Grippewelle zahlreiche Menschen dahin. Wochenlang mussten Kirchen und Kapellen, Versammlungshäuser und Schulen geschlossen bleiben. Auch Evangelisationen und Bibelwochen, auf denen Vetter sprechen sollte, wurden abgesagt. So konnte er die Einladung enger Freunde aus dem Berner Jura annehmen und dort einige erholsame Wochen mit seiner Frau und seiner Tochter verbringen.

Im Juli wurde er von Inspektor Veiel gebeten, »Tage der Stille« auf St. Chrischona zu übernehmen. Die Hausgemeinde und die Gäste erlebten einen ihnen völlig unbekannten Vetter. Mit sehr kurzen, einfachen, aber tiefgründigen Schriftauslegungen leitete er jeweils einen Tag der Stille ein, den er dann – wie die Teilnehmer auch – im Rückzug verbrachte. Wer das Gespräch brauchte, fand ihn bereit. Ansonsten verharrten alle in der Gegenwart Gottes. Nie hatten die Menschen Vetter bei einem seiner Dienste so eingekehrt gesehen. Er strahlte einen wunderbaren Frieden aus und schien schon in der himmlischen Welt zu leben.

Die letzte große Arbeit Vetters war eine Evangelisation, die sein guter Freund, Oberst Fermaud, in Basel vorbereitet hatte. Fermaud wirkte als unermüdlicher Brückenbauer unter den Gläubigen der verschiedensten Gemeinden und Gemeinschaften in Basel. So stand diese dreiwöchige Evangelisation im September 1918 auf einer sehr breiten Basis.

Die Arbeit begann im geräumigen Versammlungssaal der Basler Gemeinschaft. Aber schon nach wenigen Tagen reichte der verfügbare Platz bei weitem nicht aus. Gern öffnete der Pfarrer der Martinskirche zur Fortsetzung der Evangelisation sein großes Gotteshaus. Doch auch dieses war bald hoffnungslos überfüllt. Da wurde sich ein eilends einberufenes Komitee einig, Vetter das Basler Münster zur Verfügung zu stellen. Eindrucksvolle Abende müssen das gewesen sein. Zeitzeugen berichten, Haupt- und Seitenportale des

Münsters hätten offen bleiben müssen, um den vielen Menschen Platz zu schaffen. Ein heiliger Ernst lag über allem. Junge, Erwachsene und Altgewordene kamen zum Glauben. Vetter sprach wie einer, der vor den Toren der Ewigkeit steht. Die Vorträge, von Stenotypisten mitgeschrieben und kurz darauf gedruckt, gingen in alle Welt.

Am 3. Dezember vereinbarten Vetter und sein Freund, Prediger Kurz, einen ausgedehnten Spaziergang von Riehen nach St. Chrischona. Beim Austausch all der Erinnerungen an frühere Zeiten verging die Zeit wie im Flug. Über Mittag saßen sie in der Sakristei der Kirche. Vetter gedachte bewegt der Stunde, in der ihm vor über zwanzig Jahren die Sonne der Gnade aufgegangen war. Sie lobten Gott und beteten an. Als sie am Nachmittag den Heimweg antraten, blies ihnen ein eisiger Wind ins Gesicht. Trotz heftiger Schmerzen in der Brust hielt Vetter der Riehener Gemeinschaft den zugesagten Bibelabend und leitete das Gebet. Es sollte sein letzter Verkündigungsdienst sein.

Sterbenselend stand er am nächsten Morgen auf. Seine Frau nötigte ihn, im Bett zu bleiben. Vetter aber fuhr nach Basel, weil er kranken Brüdern einen Besuch im dortigen Hospital versprochen hatte. Mit hohem Fieber kam er heim und fiel wie tot auf sein Lager. Maria Vetter benachrichtigte einige Brüder, die alsbald sein Bett umstanden. Wie ein Lauffeuer breitete sich die Kunde von der schweren Erkältung Vetters aus. Graf Korff und Prediger Kurz legten Vetter die Hände auf und beteten über ihm. Ans Sterben dachte niemand. Vetter aber ahnte, dass er sein Haus bestellen müsste.

Am 8. Dezember, einem Sonntag, feierte Prediger Kurz mit Vetter und den Seinen das Heilige Abendmahl. Fast gierig griff der Todkranke bei den Worten »Für dich zerbrochen, für dich vergossen« nach dem Brot und nach dem Kelch. Seine Lebenswirklichkeit stand ihm da noch einmal klar vor Augen: »Von der Gnade herunterleben!«

In der Nacht kam eine Lungenentzündung dazu, die seine schwachen Kräfte weiter aufzehrte. Bleich, deutlich wie ein Sterbender, lag er auf seinem Bett. Maria wachte Tag und Nacht bei ihm. Oft schwiegen sie über Stunden, aber Jesus füllte spürbar den ganzen Raum. Sie hielten sich die Hand und hatten tiefen Frieden.

Auf einmal fragte er: »Was sagst du, Maria, wenn ich heimgehe?« Forschend ruhte sein Blick auf ihr. Mit zitternder Stimme antwortete sie: »Sein Wille geschehe! Der Herr macht keine Fehler – das hast du oft gepredigt und ich glaube es auch!« Lange sahen sie sich in die Augen. Ein Lächeln huschte über Vetters Gesicht. Dann bat er seinen Freund Kurz an sein Bett und gab ihm mit fester Stimme Anweisungen. Die Beerdigung sollte österlich sein – ein Lobpreis auf den gekreuzigten und auferstandenen Christus! »Lobreden auf Jakob Vetter verbitte ich mir. In der Kirche und am Grab soll Sein Name geheiligt werden, nicht meiner!« Als Text für die Predigt, die Kurz halten sollte, bestimmte er das Wort Jesu an Paulus, das ihm einst Inspektor Rappard nach seinem ersten Lungenbluten zugesprochen hatte: »Meine Gnade reicht aus für dich, meine Kraft wird in Schwachheit vollbracht!« Diese Übersetzung von 2. Korinther 12, Vers 9 schätzte Vetter besonders. Die große Doxologie sollte gesungen werden. Bereits in seinem Testament, das er am 1. Dezember 1917 niedergeschrieben und notariell hatte beglaubigen lassen, hatte er verfügt, dass sein Leichnam in einen weißen Sarg gelegt werden solle als Zeichen der lebendigen Hoffnung, in der er gelebt habe und zu sterben gedenke, und als Hinweis auf den auferstandenen Christus. Ein Grabstein müsse nicht auf sein Grab, er stelle das aber frei. Sollten sich Familie und Freunde für einen solchen entscheiden, dann müsse darauf als Zeugnis für alle, die vorübergehen, eingemeißelt werden:

»Ich war ein armer Sünder, doch durch den Tod Christi fand ich das Leben und machte die Erfahrung, dass die Gnade ausreicht bis zu den Perlentoren Jerusalems.«

Kurz liefen die Tränen über die Wangen, als er sich die Anweisungen Vetters notierte. Er hätte den teuren Freund und Bruder so gerne noch auf Erden behalten und ein Stück Pilgerreise mit ihm gemeinsam unter die Füße genommen; aber er freute sich auch mit ihm, dass er bald den König aller Könige schauen durfte und die himmlische

Herrlichkeit schmecken. Stunden später rief Vetter sein Töchterchen zu sich. Die kleine Maria war im Sommer zehn Jahre alt geworden. Er herzte sie, legte die Hände auf ihren Kopf und segnete sie. »Mariechen, der Heiland hat dich lieb!«

Wenn Gott seine Ernte einfahren will, versucht Satan, dies mit Sturm und Unwetter zu verhindern. Aus heiterem Himmel überkam Vetter die Nacht der Zweifel und der Angst. Alle seine Sünden fielen ihm ein und standen ihm wie riesige Berge vor Augen. Das Grauen der Hölle packte ihn. Er schaute in den Abgrund der Verlorenheit. Er sah nur noch, wer er war. »Ich bin ein großer Sünder! Ich bin ein großer Sünder!« Unentwegt wiederholte er diese Worte.

Die anwesenden Brüder aber bezeugten ihm ebenso unermüdlich die Gnade Gottes; erinnerten ihn unablässig an das Blut Jesu Christi, das von allen Sünden reinwäscht.

Wie das sturmgepeitschte Meer nach langem Wüten, so wurde Vetters Seele endlich ruhig. Ein Bruder fragte: »Bist du getrost?« Da antwortete Vetter: »Ja, nichts bringe ich als das Kreuz!«

Am nächsten Morgen bat er alle verantwortlichen Brüder zu sich. Er dankte jedem Einzelnen mit einem Händedruck, sprach ihm ein Gotteswort zu und segnete ihn. Dann holte er zu einem langen, priesterlichen Gebet aus. Er betete für Maria und für sein Kind, für die Brüder der Riehener Gemeinschaft und die Pilgermission St. Chrischona, er legte Jesus jeden Mitarbeiter der Zeltmission ans Herz und bat inbrünstig um fortgesetzten Segen in diesem Werk; viele weitere Brüder und Schwestern, die seine Weggefährten waren, brachte er vor den Thron der Gnade, flehte für das gesamte Volk Gottes und bettelte um Erbarmen für Deutschland und die ganze blutgetränkte Erde. Zeugen berichten, nie hätten sie einen Menschen so beten hören wie den sterbenden Vetter.

Immer wieder wollte er sein Kind sehen. »Wie geht es dir?«, fragte er. Die kleine Maria warf sich ihm ein ums andere Mal an den Hals und schluchzte »Vaterle!« Er drückte sie an sich und wiederholte immerfort den einen Satz: »Der Heiland hat dich lieb!«

Ein letztes Mal kamen Nacht und Not über ihn. Betend umstanden ihn die Brüder. Auf einmal streckte er die Hand aus und rief: »Seht ihr – da steht er! Friede sei mit euch!« Fortan lag er ganz ruhig auf seinem Lager. Mit leuchtenden Augen blickte er nach oben, lächelnd öffnete er den Mund. Dann sagte er mit einem tiefen Seufzer: »Herr, segne mich!« Es waren seine letzten gesprochenen Worte.

Maria und die Brüder sangen die große Doxologie, die er so sehr liebte:

»Ehre sei Gott in der Höhe und Friede auf Erden und den Menschen ein Wohlgefallen.

Wir loben dich, wir benedeien dich, wir beten dich an, wir preisen dich, wir sagen dir Dank um deiner großen Herrlichkeit willen. Herr Gott, himmlischer König, allmächtiger Vater! Herr, du eingeborner Sohn, Jesus Christus! Herr Gott, du Lamm Gottes, Sohn des Vaters, der du die Sünde der Welt trägst, erbarme dich unser! Der du die Sünde der Welt trägst, nimm an unser Gebet! Der du sitzest zur Rechten des Vaters, erbarme dich unser! Denn du allein bist heilig, du allein bist der Herr, du allein bist der Allerhöchste: Jesus Christus mit dem Heiligen Geiste in der Herrlichkeit Gottes, des Vaters.«

Es war, als ob sich alle himmlischen Heerscharen im Sterbezimmer versammelt und mit den Stimmen der Abschiednehmenden vereinigt hätten.

Später stimmte Maria Vetters Lieblingslied an: »Auf dem Lamm ruht meine Seele …!« Zu aller Erstaunen sang der Sterbende deutlich, wenn auch mit schwacher Stimme, die ersten Worte mit. Danach bewegte er die Lippen, bis die Schlusszeile der letzten Strophe gesungen war; dann schloss er die Augen und hauchte sein irdisches Leben aus. Im Sterbezimmer war es wie in einem Heiligtum. Die Gegenwart des dreimal einen Gottes war mit Händen zu greifen. Die Engel Gottes schienen den Raum zu erfüllen. Vetters Mund umspielte ein Lächeln. Der Friede, der höher ist als alle menschliche Vernunft, lag auf seinem Antlitz. Er schaute, worauf er vertraut hatte. Es war Freitag, der 13. Dezember 1918, eine Stunde vor Mitternacht.

Als Maria das Fenster öffnete, sah sie in den sternklaren Winterhimmel. Ein heißer, unsäglicher Schmerz brannte in ihrem Herzen. Gleichzeitig durchströmte sie ein inniger Dank und eine tiefe Freude darüber, dass Jakob daheim war und dem in den Armen lag, der ihn erlöst und dem er gedient hatte. Die Nacht über wachte Maria am Lager des Heimgegangenen. Ihre Gedanken fasste sie in folgenden Reimen zusammen:

>*Die Gnade reicht aus,*
ich glaube dem Wort,
die Gnade reicht aus,
ist Stab mir und Hort.
Die Gnade reicht aus
in Trübsal und Schmerz,
da hilft mir die Gnade,
macht fest mir das Herz.

Die Gnade reicht aus
auch in schwerer Zeit,
die Gnade reicht aus
für das tiefste Leid,
die Gnade reicht aus,
wenn alles mir bricht,
sie leuchtet und macht
auch das Dunkel mir licht.

Die Gnade reicht aus,
ich traue dem Wort,
die Gnade reicht aus
an jeglichem Ort.
Sie trägt mich, sie führt mich
und weist mir die Bahn
und sagt mir: › Vertrau nur,
es geht himmelan!‹

Die Gnade reicht aus,
ich halt mich ans Wort,
die Gnade reicht aus
bis zur Himmelspfort,
dort rühm ich die Gnade
vor Gottes Thron:
Durch Gnade gerecht gemacht
in seinem Sohn.«

Die Todesnachricht ging hinaus! Aus vielen europäischen Ländern, aus Nord- und Südamerika, aus Afrika und Australien trafen Briefe der Anteilnahme ein. Zahlreiche Zeitungen im In- und Ausland berichteten vom Tod des großen Evangelisten. Die Beerdigung fand am frühen Nachmittag des 16. Dezember statt. Bis zum Läuten der Glocken lag Vetter in der Gartenlaube im Erlensträßchen aufgebahrt, wohin er sich vom Frühjahr bis zum Herbst so gerne zum Gebet und zum Lesen der Heiligen Schrift zurückgezogen hatte. Hunderte wollten ihn noch einmal sehen; vielen

prägte sich unvergesslich ein, wie er im blumenge-
schmückten weißen Sarg lag, mit verklärtem Gesicht. Die alte Riehener Dorfkirche fasste die Menschen nicht, die von dem begnadeten Gottesmann
Abschied nehmen wollten. Trotz Dezemberkälte
blieben die Türen geöffnet. Vetters Freund Kurz
hielt, wie abgesprochen, die Predigt – sie wurde
ein bewegendes Zeugnis von der Gnade Gottes.
Nur die Gnade wurde gerühmt. Jesu Name allein
wurde verherrlicht. Jeder Satz brachte zum Ausdruck, dass das Geheimnis der Fruchtbarkeit im
Leben Jakob Vetters die Gnade war. Nachdem die
tausendköpfige Gemeinde die große Doxologie so
kräftig gesungen hatte, dass es weithin durch die
Straßen Riehens schallte, setzte sich der Trauerzug
zum Friedhof in Bewegung. Dort wurde er vom
Brüderchor der Pilgermission St. Chrischona
empfangen mit einem herrlichen Chorus über den
126. Psalm:

»Wenn der Herr die Gefangenen Zions erlösen
wird, dann werden wir sein wie die Träumenden.
Dann wird unser Mund voll Lachens und unsere
Zunge voll Rühmens sein. Dann wird man sagen
unter den Völkern: Der Herr hat Großes an ihnen
getan!

Ja, der Herr hat Großes an uns getan, des sind
wir fröhlich. Die mit Tränen säen, werden mit
Freuden ernten. Sie gehen hin und weinen und
streuen ihren Samen und kommen wieder mit
Freuden und bringen ihre Garben.«

Hunderte nahmen an der Nachversammlung im Vereinshaus der Riehener Gemeinschaft teil. Viele Brüder aus nah und fern ergriffen das Wort. Alle verband, dass sie Gott die Ehre gaben über dem vollendeten Leben Jakob Vetters. Am ergreifendsten waren die Worte Fritz Bindes, des langjährigen treuen Weggefährten, der nach Marias Willen den Reigen der Nachrufe beschloss. Er sagte unter anderem:

»Das Größte ist mir, dass unser Bruder, den man zu Recht für einen Großen hält, von sich ganz klein dachte. Jakob hat einmal geäußert: ›In gesunden Tagen predigt man leicht über Heiligung und Vollkommenheit, aber auf dem Sterbebett ist man nur noch ein armer Sünder, der nach Gnade lechzt.‹ Was soll ich euch von Vetter sagen? Im tiefsten Grunde seines Herzens wusste er nur eines: ›Christus starb für mich!‹ Und wenn ihr ihm all seine Siege, die der Herr ihm geschenkt hat, vor Augen geführt hättet, so hätte er gesagt: ›Bleibt mir weg mit alledem! Seine Gnade reicht für mich!‹«

Traurig, dennoch tief getröstet gingen die Menschen still nach Hause. Die Knechte gehen, aber der Herr bleibt!

Maria Vetter war durch mündliche und schriftliche Aktivitäten für viele in Riehen und darüber hinaus noch lange eine unermüdliche Seelsorgerin und treue Christuszeugin. Im 94. Lebensjahr ist sie 1960 heimgegangen. Die Tochter durfte ebenfalls noch Jahrzehnte im Segen wirken, bevor sie kurz vor der Jahrtausendwende 91-jährig starb. Beide wurden im Grab Jakob Vetters auf dem alten Riehener Friedhof beigesetzt.

Im Nachlass Vetters fand man ein Gedicht; es könnte von ihm selber stammen; er hat – wie seine Frau Maria – nicht wenige Gedanken, die ihn besonders bewegten, in Reime gefasst. Wie dem auch sei – das Gedicht ist auf jeden Fall die Sprache seines Herzens und der Grundton seines Betens gewesen:

»Was bin ich, Herr, dass du hast mein gedacht?
Dass du für mich zum Opfer dich gebracht?
Dass du getragen hast so bittre Not
und bist gegangen in den Kreuzestod?

Nichts bin ich, Herr, vor dir will ich nichts sein.
Was du mir gibst, ist deine Gnad allein.
Was du auch mir zugute hast getan,
nehm ich als Gnade ganz in Demut an.

Aus Gnade will ich leben meine Zeit,
aus Gnade gehen in die Ewigkeit.
Aus Gnade einst, aus Gnade füllen aus
den letzten Platz in meines Vaters Haus.«

Gnade ohne Ende

War das eine Freude, als im Frühjahr 1902 das erste Zelt eingeweiht wurde und Zeltmission in Deutschland begann. Gott hat Jakob Vetter, diesen feurigen und doch so gebrechlichen Mann, zum Kanal seiner Liebe und zum Werkzeug seiner Gnade gemacht. Als er ihn im Alter von erst 46 Jahren nach einem reich gesegneten Leben aus der Arbeit rief, war in Gottes Herzen längst entschieden, dass und wie das begonnene Werk weitergehen sollte. In der Westminsterabtei in London steht auf dem Grabmal der beiden Wesley-Brüder die Inschrift: »Gott begräbt seine Arbeiter, aber Er führt Sein Werk weiter.«

Der Gott, der Abraham aus Steinen Kinder erwecken kann, hat sich bis heute Männer und Frauen berufen, die wie der Gründer der Zeltmission eine brennende Liebe zu Jesus haben und zu den Ungezählten, die ohne ihn ihr Leben leben und der Ewigkeit entgegensterben. Viele haben nach Jakob Vetter in den Zelten leidenschaftlich das frei und froh machende Evangelium weitergepredigt.

Durch zwei furchtbare Weltkriege, wo die Hölle auf Erden los war, wurde zwar die Verkündigung in den Zelten jäh unterbrochen; doch Gott hat in solchen schlimmen Zeiten andere Möglichkeiten gezeigt und neue Quellen zum Fließen gebracht, um den nach Sinn, Trost und Heil hungernden Menschen verkündigen zu lassen: Wo Jesus ist, da ist der Himmel auf Erden!

Zu allen Zeiten hatte die Zeltmission treue Freunde und entschiedene Feinde. In jeder Generation gab es dankbare Menschen, die in Zelten zum Glauben gekommen waren, und andere, die die Zelte vorsätzlich mieden und die Arbeit mit Spott und Verachtung bedachten. In der Zeltmission wurden nicht nur zu Vetters Zeiten äußere und innere Stürme erlebt. Immer wieder versuchten einzelne oder Gruppen, Schaden anzurichten und Veranstaltungen zu stören. Zeltplanen wurden aufgeschlitzt, Verankerungen herausgerissen und Inventar zertrümmert. Evangelisten wurden von »Heil Hitler«-Rufen übertönt und durch das Brüllen der »Internationale« minutenlang zum Schweigen gebracht.

Aber Gott hat seine schützenden Hände durch die Generationen über das Werk gehalten, das Jakob Vetter ins Leben rief, und hat auf vielfältige Art erwiesen, dass er im Regimente sitzt. Noch nach über 100 Jahren stehen die Zelte weithin sichtbar in den Städten und Dörfern des Landes – Stätten der Frohen Botschaft in einer Welt voller schlechter Nachrichten, Orte der Begegnung mit Jesus, dem Heiland der Sünder und dem Fürsten des Lebens. Und sowohl die, die dort dienen, als auch jene, die dort das Leben finden, machen noch heute die beglückende Erfahrung: »Seine Gnade reicht aus!«

Zelthalle aus der Frühzeit der DZM

Neues Zelt, 2000, Bodelshausen

Bildnachweis:

Umschlag und S. 6: Archiv der Deutschen Zelt-
mission, Siegen
S. 11: Stadtarchiv Worms
S. 38: Wolfgang Putschky
S. 114: Wolfgang Putschky
S. 183: Deutsche Zeltmission, Siegen

Wir danken den Rechteinhabern für die freundlich
erteilte Abdruckerlaubnis.